AF359358

CAFÉS DE PARIS

PROCÉDÉS UNIQUES

POUR LA PRÉPARATION DU CAFÉ,

GLORIAS, GROGS A L'AMÉRICAINE,

MAZAGRANS A CHAUD, A LA GLACE ET A L'EAU DE SELTZ,
CRÊMES ET GELÉES, BAVAROISES,
GLACES ET SORBETS, LES BONBONS ET LA PATISSERIE;

Liquides hygiéniques, Conservation inaltérable,
même en vidange;

PROPRES AU COMMERCE DE DÉTAIL ET DE GROS, DE COMMISSION
ET D'EXPORTATION.

PAR A. GIRAUD,

CHIMISTE, DE VALBONNE (VAR).
Auteur et Éditeur.

--- ❖❖❖ ---

PARIS.

CET OUVRAGE ÉTANT LA PROPRIÉTÉ DE L'AUTEUR-ÉDITEUR,
NE SE TROUVE CHEZ AUCUN LIBRAIRE.

—

1853.

165 — PARIS. — IMPRIMERIE H. SIMON DAUTREVILLE ET Ce,
Rue Neuve-des-Bons-Enfants, 3.

A MES LECTEURS.

En 1846, j'ai publié un ouvrage sur le travail et la préparation du café. Ce livre était critique et avait pour titre : *Le Café perfectionné*. Celui que je publie aujourd'hui ne l'est pas, et a pour titre : *Cafés de Paris*. Ni le titre, ni les matières renfermées dans celui-ci n'ont aucun rapport avec l'autre ; aussi, je ne considère pas cet ouvrage comme étant une seconde édition de celui publié à cette époque.

Les matières qui se trouvent renfermées dans cet ouvrage n'étaient qu'à l'état d'étude et de recherches en 1846. Ce ne fut qu'un an plus tard que j'eus le bonheur de surmonter tous les obstacles que j'avais toujours rencontrés dans les travaux que je m'étais imposés, afin de pouvoir réussir un jour ou l'autre à doter la société de ces admirables compositions qui feront, je l'espère, le sujet d'un commerce de détail, de gros, de commission et d'exportation.

Avant l'époque de 1846, les maisons spéciales pour la vente des cafés étaient fort rares à Paris. Mais après l'apparition de ma brochure, ces sortes de maisons commencèrent à se fonder, et par la suite on en vit un très grand nombre. En 1848, il y avait à Paris plus de soixante-dix à quatre-vingts maisons spéciales pour la vente des denrées coloniales ; mais, depuis ce temps, le nombre s'en est encore accru et a fini par s'étendre dans la banlieue.

Je ne prétends pas affirmer ici que l'apparition de mon livre fut la cause de la fondation de tant de maisons de commerce d'un genre nouveau pour le public, dont les unes ont fait de bonnes affaires très promptement, tandis que d'autres n'ont pu que se maintenir et se maintiennent encore, et que d'autres enfin, moins heureuses, ont été obligées de se retirer des affaires avec perte.

Aujourd'hui, un grand nombre de ces maisons commerciales existent encore, et il s'en établit à chaque instant de nouvelles. Si le livre que j'ai publié en 1846 a pu contribuer à faire gagner la vie honorablement à ces maisons industrielles, c'est une preuve réelle que ce que j'écrivais à cette époque était vrai, puisqu'il a été pris au sérieux par tous ceux qui ont pu en prendre connaissance, et si réellement, par mon travail et la persévérance, j'ai pu contribuer à rendre service à mes semblables, je m'estime assez heureux d'avoir produit quelque chose dans mon pays qui ait réellement eu un but d'utilité générale.

Aujourd'hui, l'ouvrage que je publie a un autre but général, par la réussite des travaux qui, à l'époque de 1846, n'étaient encore qu'à l'état d'étude et de recherches toujours infructueuses et inespérées ; pourtant un an après, en 1847, le café dulcifié, ou sirop de café concentré, prenait naissance dans toute sa pureté. Lorsque cette liqueur fut produite après tant de sacrifices que j'avais faits pendant de longues années de travail, de persévérance, je m'occupai de la faire connaître au commerce. Plusieurs centaines de flacons furent livrés, chacun avait lieu d'en être satisfait. Je voyais alors qu'en fondant un établissement d'exploitation, on pouvait gagner de l'argent en rendant service au public ; mais nous étions arrivés vers la fin de l'année 1847; les nuages commençaient à s'amonceler et à obscurcir d'une brume épaisse tous les points de l'horizon. L'outre des vents était grosse de bourrasques, de rafales et de tempêtes, il n'était pas possible de rien hasarder. Février 1848 arriva tout-à-coup, il fallut s'arrêter tout-à-fait pour laisser dissiper l'orage en attendant un meilleur avenir.

Aujourd'hui que la sécurité règne, que l'industrie et le commerce commencent à reparaître, que chacun cherche à reprendre ses travaux, ses outils, sa plume et ses pinceaux, je me hâte d'écrire tant bien que mal ce que j'ai fait, ce que j'ai produit dans le monde civilisé pour l'agrément de tous et de chacun en particulier, et en publiant un pareil livre, c'est populariser davantage la découverte de ces admirables compositions de café, les unes sous la forme sirupeuse, et d'autres sans addition de sucre, toutes d'une bonté parfaite, d'une qualité bien supérieure à tous les autres modes de préparation, d'un travail facile et de pur agrément, d'une consommation *hygiénique* et d'une conservation inaltérable, même en vidange, et d'un prix à la portée de toutes les classes de la société.

Toutes ces considérations ne peuvent qu'être avantageuses à tous ceux qui voudront consulter ces divers procédés pour les mettre en pratique, pour répandre ensuite dans le commerce de tous les pays des substances alimentaires qui n'avaient encore pu exister malgré tous les sacrifices que les hommes de l'art de tous les pays avaient pu faire pour les produire.

Ces nouvelles préparations, sans nul doute, feront les délices de toutes les familles en les plaçant au premier rang sur toutes les tables, et seront aussi indispensables pour les parties de récréation et de plaisir à la campagne, aux bals et aux soirées, aux noces et aux festins, aux voyages de terre et de mer comme provision de bord, à la navigation de tous les pays. Les cafetiers, limonadiers, glaciers et crêmiers, restaurateurs et officiers de bouche, les prépareront pour les servir dans leurs établissements comme café, glorias, grogs à l'américaine et mazagrans à chaud, à la glace et à l'eau de seltz. Le confiseur aura l'avantage de pouvoir se procurer les parfums les plus agréables pour la fabrication des bonbons. Le crêmier préparera à son tour des crêmes et gelées admirables par la finesse de leur goût et de leur saveur. Le pharmacien vendra ces liquides pour le besoin de tous les malades, car ces liquides étant épurés de l'âcreté empyreumatique irritante, les médecins, au lieu d'en interdire l'usage aux malades, comme cela a lieu pour le café ordinaire et de mauvaise préparation, ceux-ci, au contraire, seront ordonnés comme boissons toniques, bienfaisantes à tous les malades sans condition d'âge ni de maladie.

Le commerçant en denrées coloniales, ou l'épicier marchand de comestibles, les préparera en grandes quantités pour les mettre en bouteilles et flacons, pour les vendre au public en détail, en gros, à la commission et à l'exportation. D'après ce simple exposé des faits, chacun aura sa part de travail et de profit dans la préparation de ces boissons toniques, qui, sans nul doute, seront accueillies favorablement à leur apparition dans le commerce.

Je résume le premier chapitre de cet ouvrage en disant que toute personne qui par ses veilles et ses labeurs produit quelque chose qui a un but d'utilité générale, doit mériter les égards bienveillants et la confiance du public.

GIRAUD.

PREMIERE PARTIE.

DU CAFÉIER.

> Quand on veut bien connaître les
> eaux d'un fleuve, on doit remonter
> jusqu'à sa source.

Le caféier est un arbre toujours vert, qui croît assez vite, et qui parvient quelquefois à la hauteur de cinq à sept mètres, sur un tronc droit dont le diamètre n'excède pas huit à dix centimètres. Sa racine est pivotante ; son écorce, fine et recouverte d'un épiderme blanchâtre, se gerce en desséchant. Son bois est assez dur, les branches inférieures sont ordinairement simples et s'étendent plus horizontalement que les supérieures. Les unes et les autres sont chargées en tout temps de feuilles ressemblant à celles du laurier commun, mais pourtant moins sèches, moins épaisses, et ordinairement plus longues et plus pointues à leurs extrémités ; lisses, luisantes en dessus, pâles en dessous, et portées par de très courtes pétioles. De l'aisselle de la plupart des feuilles partent quatre ou cinq petits groupes de fleurs à un seul pétale, blanches, ressemblant à celles du jasmin d'Espagne, et répandant comme elles une odeur douce et agréable. Ces fleurs passent vite et sont remplacées par une baie ou cerise plus ou moins ronde ou ovale, formée d'une pulpe jaunâtre qui sert d'enveloppe à deux petites fèves ou graines, accolées l'une à l'autre par le côté plat et entourées chacune d'une membrane particulière et coriace.

Ce sont ces graines qui constituent le café. Outre le caféier arabique dont la graine fait le sujet de cet article, les botanistes en connaissent encore dix-huit espèces différentes : une indigène à Bourbon ; une qu'on appelle le caféier monosperme de Saint-Domingue ; deux espèces naturelles à la Guyane ; quatre qui croissent dans les îles de la mer du Sud, et dix autres trouvées, il y a environ quarante ans, dans les Cordilières par les auteurs de la nouvelle flore du Pérou.

Culture du caféier.

Cet arbre réussit bien dans tous les pays qui sont entre les tropiques ou qui les environnent ; telles sont les îles de France et de Bourbon, les

Guyane française et hollandaise, toutes les Antilles et surtout l'Arabie, qui nous envoie depuis long-temps le meilleur café connu. Les plus grandes plantations y sont situées dans le royaume d'Yemen, vers les cantons d'Aden et de Moka.

Ordinairement à mi-côte des montagnes, entre le froid du sommet et la chaleur excessive de la plaine, quand on le trouve dans la plaine, il y est garanti de l'ardeur du soleil qui dessécherait ses fruits, par un arbre qui est ordinairement un peuplier et qui le protége avec son feuillage.

Les pieds du caféier recherchent l'eau, et les Arabes amènent dans les fossés qu'ils creusent pour les plantes, celle des sources voisines, dont la circulation s'y trouve facilitée par une grande quantité de pierres. Dans les autres pays, on forme les caféteries en semant la cerise en pépinières ou mieux à demeure. Si le quartier est pluvieux, la saison la plus favorable est celle de l'équinoxe d'automne pour la Martinique, Saint-Domingue et tous les pays situés en-deçà de l'équateur, et celle de l'équinoxe de mars pour l'île de France et l'île Bourbon, qui sont au-delà. Si l'on sème en pépinière, on retransplante l'hiver suivant.

Il est bon que les caféteries puissent être arrosées par filtration ou par irrigation; soit qu'on élève le café de graine, soit qu'on le transplante, on ne doit cultiver dans le même champ que du maïs et des petits pois ou des plantes analogues; et on fait chaque année des semis pour remplacer les individus que les coups de soleil, les gros vents et les ouragants tuent continuellement. Pour les garantir de la violence des vents, on est forcé de les étêter, et cette opération n'est peut-être pas sans influence sur la nature de la fève. Les caféiers entrent en rapport à quatre ou cinq ans, et fructifient environ trente ou quarante ans. Lorsqu'ils sont vieux, on peut les rajeunir en les recépant.

Récolte du café.

Dans l'Arabie heureuse, la principale récolte se fait en mai; on secoue les caféiers sur des pièces de toile qui sont étendues au pied des arbres; toutes les cerises mûres tombent et on les transporte sur des nattes de jonc exposées au soleil, pour leur faire subir une dessiccation complète. Alors elles sont dépouillées de leur enveloppe, qu'on brise en les faisant passer sous un cylindre assez lourd, en bois ou en pierre; les deux fèves se séparent, on les agite dans de grands vans pour les monder, puis on les fait sécher de nouveau. Dans les autres pays qui produisent le café, la récolte se fait à la main. La plupart du temps, ce sont des noirs qui sont chargés de cueillir une à une les cerises qui atteignent la couleur rouge foncée. Les pluies fréquentes à cette époque occasionnent une assez grande mortalité parmi ces malheureux dans toutes les Antilles. Pour séparer la pulpe de la fève, on expose pendant quelques jours la cerise à l'air ou au soleil sur des aires pavées ou cimentées, convenablement disposées en pente au moyen desquelles l'humidité est rapidement évaporée, il est de la plus haute importance de ne pas laisser long-temps les cerises en tas ; la fermentation ne tarderait pas à s'établir, et une huile volatile engendrée dans la pulpe traverserait bientôt jusqu'à la fève à travers son enveloppe coriace, et lui communiquerait un goût d'aigreur et une odeur désagréable. La dessiccation se fait quelquefois dans une étuve qui peut ne pas être fort vaste, puisque la récolte ne se fait pas toute à la fois. Ce procédé est surtout usité dans les pays pluvieux : on évite la fermentation, le dessèchement est plus prompt et plus complet en même temps qu'il est moins dispendieux et plus facile.

Cette première dessiccation facilite l'enlèvement de la pulpe, qui se fait au moyen de moulins. Quand cette pulpe est enlevée, on lave les fèves, on les fait sécher de nouveau, ensuite, pour les priver de leur enveloppe coriace, on les pile et on les vanne, et enfin on les soumet à une dernière dessiccation, soit à l'un, soit à l'autre.

C'est alors que le grain a perdu toute sa verdeur et qu'on peut le renfermer dans des sacs. Lorsque les cafés ne sont point desséchés au sortir du pilon ou du moulin, ils contractent une odeur qui diminue leur qualité. Les sacs sont ensuite empilés les uns sur les autres dans un lieu sec et aéré, et l'on a soin d'en éloigner toutes les émanations qui pourraient communiquer une odeur étrangère susceptible d'altérer le parfum du café.

Cette dernière précaution est presque impossible dans un navire, où le café voyage souvent avec beaucoup d'autres productions exotiques fort odoriférantes. Bien que le caféier soit originaire des pays chauds, quelques naturalistes ont pensé qu'on pourrait l'introduire dans les parties méridionales de l'Europe; il suffit qu'en hiver le thermomètre ne tombe pas au-dessous de quinze ou seize degrés centigrades. Depuis plus de quarante ans, des essais ont été faits à Pise, et aujourd'hui une assez grande quantité de pieds donnent du fruit dans les jardins de quelques horticulteurs italiens.

VARIÉTÉS COMMERCIALES, SIGNALEMENT.

La fève du café, telle que le commerce la reçoit, est dépouillée de sa coque, pelliculée ou nue, généralement ovale, d'un volume variable, convexe d'un côté, plane de l'autre, avec un sillon profond dans le sens de la longueur; quelquefois tourmentée et un peu roulée. Sa consistance est dure, cornée, élastique, cartilagineuse; aussi, éprouverait-on quelque difficulté à la pulvériser au moyen du pilon avant de l'avoir grillée.

Sa saveur mucilagineuse et son odeur rappellent celle du froment; mais cette odeur herbacée est caractérisée, cependant, par un arôme particulier. Les cafés portent le nom des pays qui les fournissent : on les classe ordinairement dans l'ordre suivant, d'après leurs qualités supérieures : — Moka, Martinique fin-vert, Guadeloupe, première qualité; Bourbon, Cayenne, Saint-Domingue, Ceylan et Marie-Galande, la Havane et San-Yago, Porto-Rico, Brésil, Java et Sumatra. — Les cafés Jamaïque et Manille sont très rares sur la place de Paris, et je ne pense pas qu'il en arrive beaucoup au Havre. Le Martinique fin-vert lutte avec le Moka; mais on ne le met qu'au second rang à cause de la faiblesse de son arôme. Le Saint-Domingue est toujours uniforme. Au reste, je parlerai plus amplement de leurs qualités aromatiques au chapitre du choix et mélange des cafés, et de leur torréfaction.

Café Moka.

C'est le café le plus cher et le plus estimé; fèves en général petites, presque arrondies, et les pellicules différentes entre elles de forme et de grosseur, les unes larges et aplaties, d'autres petites et arrondies, d'autres roulées. Les semences de Moka qui sont arrondies se trouvent seules dans la coque. Elles ont pris cette disposition particulière à cause de l'avortement de celles qui devaient se trouver dans l'autre moitié du fruit. Les fèves de Moka ont une couleur jaune ou verdâtre, un parfum très prononcé et une saveur agréable plus sensible que dans les autres espèces. Quelquefois les fèves sont enveloppées de leurs coques, d'autres sont entièrement noires. A ce sujet, il est bon de savoir que les vieux caféiers, au lieu de produire deux semences, n'en donnent qu'une presque arrondie. C'est ce café que l'on vend très souvent en France pour du café Moka. Le consommateur devra donc ajouter, aux caractères physiques qui précèdent, l'odeur et la saveur de l'infusion; mais il ne perdra pas de vue que cette appréciation exige un palais exercé et un talent de dégustation que tout le monde n'a pas, et qui ne s'acquiert que par un long exercice.

Emballage :

Le Moka nous est expédié en balles et demi-balles en jonc, de forme et de grosseur variables, qu'on recouvre d'un tissu d'écorces d'arbre, et qu'on lie avec de grosses cordes de jonc. Le poids le plus général est 144 kilogrammes pour les balles et 78 kilogrammes pour les demi-balles. Les balles et les demi-balles portent le nom de fardes et demi-fardes. A Marseille, le café est ordinairement chargé de pierres et de poussière. Celui qui vient directement du pays par mer est plus net; le grain a moins mûri, et l'emballage est en meilleur état que celui des balles qui viennent d'Egypte.

Martinique.

On lui assigne le premier rang après le café Moka, à cause de la franchise de son goût. Fèves plus volumineuses, plus alongées, arrondies à leurs extrémités, d'une couleur vert-clair, quelquefois un peu foncées, conservant presque toujours une pellicule gris argenté, qui se détache par la torréfaction. Sillon longitudinal bien ouvert, surtout vers le milieu de sa longueur, quelquefois contourné, odeur agréable et franche, saveur qui rappelle celle du froment.

Emballage :

Futailles et sacs en toile de chanvre, de poids variables. On en distingue généralement trois variétés : le Martinique fin-vert, le Martinique fin-jaune et le Martinique ordinaire.

Guadeloupe.

Fèves fortes et alongées, régulières, luisantes, rarement pelliculées, d'un vert plus ou moins plombé, nettes.

(Emballage comme le précédent).

Bourbon.

Il a beaucoup d'analogie avec le Moka, dont il paraît, du reste, qu'il tire son origine. Les fèves sont petites, de formes différentes, la plupart arrondies et de couleur jaune ou verte. Le parfum est agréable, mais assez faible, quoique un palais médiocrement exercé puisse le reconnaître. On en distingue plusieurs sortes, car il nous arrive ordinairement par parties composées de fèves régulières entre elles pour la forme et la couleur. On est généralement dans l'habitude de les classer de la manière suivante :

Bourbon fin-vert : fèves petites, arrondies, peu pelliculées, peu sillonnées ; parfum doux et agréable, couleur plus jaune ;

Bourbon fin-jaune : mêmes caractères, mais couleur plus jaune ;

Bourbon ordinaire : fèves plus fortes, mais arrondies et régulières. tantôt vertes, tantôt jaunes ; parfum moins agréable. Le commerce a introduit depuis une trentaine d'années une variété particulière de Bourbon qui a l'odeur du thé. Les fèves sont alongées et pointues en forme de navettes, d'une pellicule adhérente et semblable, pour la couleur, aux autres Bourbons. Il est probable que cette odeur caractéristique est due au voisinage du thé.

Emballage du café Bourbon :

Double sac de jonc, balles de cinquante et quelquefois de vingt-cinq kilogrammes. Le café Bourbon est produit par une variété du *coffea arabica* de Linnée ; mais on a trouvé aussi à l'île Bourbon un café arrondi à une extrémité, alongée à l'autre, et on lui a donné le nom de café Marron.

Le commerce ne l'a pas répandu à cause de ses mauvaises qualités.

Lamaska a donné à l'arbre qui le produit le nom de *coffea mauritania.*

Haïti.

Analogue au Martinique, quoique peu recherché ; mais plus gros, plus alongé, et caractérisé surtout par ses deux extrémités terminées en pointe ; les fèves sont très irrégulières entre elles, rarement pelliculées, quelquefois avec une pellicule rougeâtre, mais généralement d'un vert clair et quelquefois blanchâtre ; saveur parfois légèrement acide. Cette variété est souvent chargée de pierres et de fèves noires ou cassées.

(Emballage comme le Martinique).

Café Cayenne.

Fèves mal formées, larges et aplaties, pellicule blanchâtre qui s'étend, pour quelques-unes, jusque sur le côté plat et donne un reflet argenté. Elles sont, en général, d'un vert noirâtre terne.

(Emballage futailles et sacs en toile de chanvre.)

Café Cuba.

Fèves petites, assez régulières entre elles, avec beaucoup de fèves roulées par la cause que j'ai expliquée à l'occasion du café Moka ; partagées par le sillon en deux parties inégales, elles sont, en général, très nettes. Quelques-unes sont recouvertes d'une pellicule rougeâtre très adhérente. La couleur est tantôt vert tendre et tantôt vert jaune.

(Emballage futailles ou tissu d'écorce d'arbre.)

Café Ceylan.

Fèves irrégulières, quelques-unes jaune pâle, d'autres verdâtres, foncées et noires quelquefois ; odeur et saveur faibles.

Café Porto-Rico.

Fèves assez semblables à celles du Martinique, mais légèrement recourbées, plus courtes et moins pelliculées. Odeur et saveur moins agréable.

(Emballage comme le Martinique.)

Café du Brésil.

Fèves irrégulières dans leur forme ; les petites ont quelque analogie avec celles du Moka, les grandes ressemblent à celles du café Bourbon ordinaire ; les unes et les autres sont d'un jaune plus foncé que celui de Moka. La pellicule est peu abondante, jaune et brillante. Celui qui vient de Rio-de-Janeiro est en fèves assez fortes, régulières, peu alongées, tantôt jaunes, tantôt vertes, peu pelliculées, et d'une odeur forte.

(Emballage comme le précédent.)

Café Java.

Fèves fortes, alongées et d'un jaune brun, quelquefois jaune pâle ou verdâtre, et recouvertes de leur arille ou pellicule ; beaucoup d'odeur. Cette variété contient souvent des grains noirs et des grains cassés.

(Emballage double toile de Gunny, poids variable.)

Café Sumatra.

Fèves également fortes et alongées, pelliculées, un peu aplaties, de couleur jaune, brune, rougeâtre et noire ; beaucoup d'odeur, saveur caractérisée par l'amertume.

(Emballage toile de Gunny, quelquefois simple natte de jonc, point variable. Les arbres qui produisent ces deux variétés doivent avoir la même origine.)

Café Jamaïque.

Fèves en général assez fortes, quelquefois contournées, sans pellicule, colorées en vert clair, d'une odeur agréable assez prononcée.

(Emballage balles sacs de chanvre.)

Café bleu,

Les Anglais ont donné ce nom à une variété de fèves de la Jamaïque qui se font remarquer par une couleur jaunâtre plombée foncée ; on le vend en Angleterre depuis quelque temps. Je ne pense pas qu'on en consomme en France.

Café Manille.

Fèves moyennes, pelliculées, d'un gris tirant sur le verdâtre, peu d'odeur; peu connu dans le commerce.

(Emballage double natte en jonc, de forme alongée, et lissé avec du rotin.)

Ces caractères tendent continuellement à varier avec les nouveaux procédés de culture; cependant il n'y a pas d'amélioration sensible dans la bonté des cafés américains, et il serait curieux de rechercher si la supériorité du café Moka est due au climat, si elle est le résultat exclusif du sol de l'Arabie ou des deux causes réunies. Ce qu'il y a de certain, c'est que la cupidité du colon européen a puissamment contribué à faire dégénérer le café transplanté aux Antilles; il s'est fort peu occupé de la qualité, et le but constant de ses efforts a été d'augmenter le volume de la fève et son poids. Aussi la récolte se fait trop tôt et les fèves sont mal séchées, de manière qu'il est impossible que l'arôme puisse se développer. Le café d'Amérique, sans contredit, a une dureté bien moins considérable; il est bien plus spongieux et il s'imprègne plus facilement des odeurs des corps qui l'environnent. C'est ainsi que les gourmets constatent très bien le voisinage de certains corps que les capitaines de navires, en chargeant cette graine, n'éloignent pas avec assez de soin. On cite plusieurs cargaisons qui ont aussi conservé l'odeur de cannelle ou de poivre, etc. Le sucre lui-même communique une saveur douceâtre qui n'a rien d'agréable. Tel est encore, probablement, le cas du café Bourbon, qui sent le thé. En général, quand on achète du café, il faut le choisir nouveau, dur, sec, difficile à casser sous la dent, sonore, sain, en grains lisses, de grosseur moyenne, le plus net possible, parfumé, et sans odeur étrangère quelconque.

Analyse du café.

On possède peu de documents certains sur la vraie composition chimique du café, et on ne sait pas au juste à quels principes il faut attribuer son action sur l'économie animale. Il résulte des recherches les plus récentes de M. Cadet-Gassicourt, que le café contient : 1° un mucilage abondant, 2° beaucoup d'acide gallique, 3° une résine, 4° une huile essentielle concrète, 5° de l'albumine, 6° un principe aromatique volatil. D'après Chenevix, la torréfaction ajouterait un principe nouveau, le tannin; enfin, M. Robiquet en a extrait une matière fortement azotée qui se présente en petits cristaux blancs, soyeux. Elle a reçu le nom de caféine; on ne lui attribue que quelques-unes des propriétés du café.

Usage, Préparation, Propriétés.

Les Arabes font dessécher la pulpe pour l'employer en boisson théiforme; on dit qu'elle est un objet de commerce. Cette boisson est assez agréable et rafraîchissante; c'est ce qu'on appelle le café de la sultane.

Ce nom sert aussi à désigner, en Europe, la décoction légère des grains non rôtis, qui, prise avec un peu de sucre, fortifie l'estomac et rétablit l'appétit. Dans quelques parties de l'Asie méridionale, on fait macérer la pulpe dans des tonneaux pleins d'eau, et l'on obtient une espèce de vin qui donne, par la distillation. une liqueur spiritueuse fort agréable. Dans les Antilles, on ne l'emploie à aucun usage. Quant à la fève, tout le monde sait qu'on la soumet à une torréfaction, qu'on la moud pour la convertir en poudre, et qu'on verse sur cette poudre de l'eau bouillante pour obtenir une infusion qui sert de boisson intellectuelle; l'expression est aujourd'hui consacrée.

La torréfaction détruit la crudité et chasse la partie aqueuse de son mucilage; elle facilite l'action du moulin et développe cet ensemble d'essences dont la réunion constitue ce qu'on appelle le bouquet; mais trop de chaleur détruit les principes qu'il faut conserver et en substitue de nouveaux âcres et astringents qui n'ont rien de commun avec l'ambroisie que le gourmet savoure avec tant de délices. D'un autre côté, trop de chaleur masque le bouquet et conserve un peu de verdeur; le café qu'on préparerait avec cette poudre chargerait l'estomac; il y a donc un point qui ne peut s'indiquer, mais que l'expérience apprend à saisir. C'est ordinairement à l'odeur, qui embaume l'atmosphère environnante, qu'on est averti qu'il faut arrêter l'action du calorique. On a estimé qu'un bon grillage ne devait enlever que 16 à 20 0/0. Ce grillage se fait ordinairement dans un cylindre en fer; les vases en terre vernissés peuvent devenir nuisibles, à cause de l'émail qui s'écaille et se mêle au café.

Quand la torréfaction est finie, quelques personnes s'empressent d'étouffer le café avec une serviette ou du papier : c'est un contre-sens; la chaleur se maintient. et toutes les huiles disparaissent. Ce qu'il y a de mieux à faire, c'est de verser le café sur une pierre ou dans un vase bien froid, pour que le départ de l'arôme s'arrête le plus tôt possible.

Le café ne doit pas être moulu avant son entier refroidissement, car il empâterait la noix du moulin. Quand on prépare l'infusion, il faut aussi éviter une chaleur trop forte, car alors l'eau dissout le principe résinoïde âcre et amer ; de plus, la grande quantité de vapeurs qui se forment entraîne toutes les parties volatiles et dissipe le parfum si recherché des amateurs.

Il est pourtant dans l'usage de verser l'eau bien bouillante dans la cafetière ; mais les parois du vase ont bientôt absorbé l'excès du calorique. Quand on a le temps, il suffit d'opérer lentement le filtrage à froid et de chauffer la dissolution avant de la boire. Il paraît même que cette espèce de mijotage, comme on dit, unit les principes savoureux ; aussi, il est tout-à-fait maladroit de verser l'eau chaude sur le marc, quand on veut lui enlever ce qu'il a pu retenir ; la dissolution qu'on obtient est haute en couleur, mais elle a un goût détestable.

Pour que le café ne perde pas son bouquet, il faut avoir soin de ne le griller et de ne le moudre que peu de temps avant de s'en servir. Cependant on a essayé, dans ces derniers temps, d'envelopper les fèves grillées d'une petite couche de sucre pour empêcher l'évaporation du parfum : ce procédé semble avoir produit de bons résultats ; mais il n'est pas encore généralement répandu.

Quelques distillateurs préparent une infusion concentrée, et la vendent sous le nom générique d'essence de Moka. Cette préparation a son utilité en voyage et à la campagne ; mais elle n'a pas encore obtenu l'assentiment du véritable connaisseur. On se sert généralement, pour faire l'infusion du café, de cafetières en argent, en fer-blanc ou en terre : les gens riches les prennent en argent ; nous conseillons aux autres les cafetières en terre. Le fer-blanc communique, en général, une saveur âcre, à cause d'une petite quantité de fer que dissout le tannin du café.

Le café accélère la circulation du sang, active l'action de l'estomac et la digestion, imprime une vigueur remarquable aux fonctions du cerveau, et il vient en aide à l'intelligence en chassant le sommeil. Il proscrit la haine et les soucis, il imprime une aimable gaîté, fait naître les bons mots, favorise les épanchements de l'amitié, et déride les fronts sévères.

La médecine en tire, en général, d'assez bons effets comme fortifiant, et on sait que les Orientaux en font une grande consommation pour neutraliser la prostration où les jette l'emploi de l'opium. C'est surtout la liqueur favorite des femmes et des hommes de lettres ; mais elle fait disposer celles-là au tremblement et au mouvement d'exaltation fébrile, et elle porte fortement à l'appareil urinaire de ceux-ci. Je me borne à ces citations, bien que le café possède encore une foule de propriétés médicales, contestées par les uns, prônées par les autres. Toutefois, ce qu'il y a de bien constaté aujourd'hui, c'est que le café n'est pas un poison lent, comme on le soutenait à Fontenelle ; plusieurs vieillards, qui ont passé la soixantaine et qui n'ont jamais cessé d'en prendre, sont des preuves irrécusables du contraire.

Histoire de l'Introduction du Café en Europe.

Nous ignorons l'époque précise où l'on commença à torréfier le café pour en faire une décoction, bien qu'il y ait lieu de supposer que la découverte des propriétés de ce breuvage ne remonte guère au-delà de la première partie du XVIe siècle. On croit que Leconhart Rauwalf, médecin allemand, est le premier qui ait dit quelque chose du café, dans un livre publié en 1570 ; ce qu'il en dit, au surplus, est inexact sous quelques rapports. Une description parfaite du café a été donnée par Prospert Albini, qui avait résidé en Égypte comme médecin du Conseil de Venise, dans ses ouvrages intitulés : *Des plantes Ægypti et de Medecina Ægiptiarum*, publiés en 1591 et 1592.

J'emprunte les détails suivants à M. du Tom, *Dictionnaire d'Histoire naturelle*, de Desterv. « Le caféier, dit Raynal dans son *Histoire philosophique*, vient originairement de la Haute-Ethiopie, où il a été connu de temps immémorial et où il est encore cultivé avec succès. M. Lagrénée, de Mézières, un des agents les plus éclairés que la France ait eus dans l'Inde, a possédé de son fruit et en a fait souvent usage ; il l'a trouvé beaucoup plus gros, un peu plus long, moins vert, presque aussi parfumé que celui qu'on a commencé à cueillir dans l'Arabie. »

Vers la fin du XVe siècle, ce sont les Orientaux qui nous ont transmis l'usage du café ; les uns disent qu'on en doit la première expérience à la vigilance du supérieur d'un monastère, qui, voulant tirer ses moines du sommeil qui les tenait assoupis, dans la nuit, aux offices du chœur, leur en fit boire l'infusion, sur la relation des effets que ce fruit causait aux boucs qui en avaient mangé. D'autres prétendent qu'un mollah, nommé Chadely, fut le premier Arabe qui prit le café, dans le but de se délivrer d'un assoupissement continuel qui ne lui permettait pas de vaquer convenablement à ses prières nocturnes.

Les derviches l'imitèrent. Leur exemple entraîna les gens de la loi. On s'aperçut bientôt que cette boisson égayait l'esprit et dissipait les pesanteurs de l'estomac. Ceux même qui n'avaient pas besoin de se tenir éveillés l'adoptèrent. Des bords de la mer Rouge cet usage passa à Médine, à la Mecque, et, par les pèlerins, dans tous les pays mahométans ; enfin, on lit dans un manuscrit arabe qui est à la Bibliothèque impériale, que le café, quoique originaire de l'Arabie-Heureuse, était en usage dans l'Afrique et dans la Perse bien long-temps avant que les Arabes en eussent fait une boisson.

Vers le milieu du XVe siècle, le Perse y vit employer cette liqueur, et, à son retour, il la fit connaître dans son pays. D'Aden, l'usage s'en répandit dans tous les lieux soumis à la loi de Mahomet. Dans plusieurs villes de ces contrées, on imagina d'établir des maisons publiques où se distribuait le café. En Perse, ces maisons devinrent, comme chez nous, un asile honnête pour les gens oisifs, et un lieu de délassement pour les hommes occupés. Les politiques s'y entretenaient des nouvelles, les poètes y récitaient leurs vers, et les mollahs leurs sermons.

A Constantinople, les choses ne se passèrent pas si tranquillement. On n'y eut pas plutôt ouvert les cafés, qu'ils furent fréquentés avec fureur. D'après les représentations du mufhsti, le gouvernement, sous Amurat III, fit fermer ces lieux publics, et ne toléra l'usage de cette liqueur que dans l'intérieur des familles. Un penchant décidé triompha de cette sévérité : on continua de boire du café publiquement, et les lieux où on le distribuait se multiplièrent. Pendant la guerre de Candie, et sous la minorité de Mahomet IV, le grand-visir Kopoti le supprima de nouveau ; mais cette précaution fut aussi inutile que les précédentes.

Au commencement du xvr siècle, le café produisit pareillement des troubles au Caire. L'an 1523, ou 930 de l'hégire, Abdallah Ibrahim, cheik de la loi, précha hautement, contre cette boisson, dans la mosquée de Hassassanie. Les têtes s'échauffèrent, les partis en vinrent aux mains ; mais le cheik-et-belet, le commandant de la ville, assembla tous les docteurs, et, après avoir entendu avec patience une longue discussion, il fit servir du café à tout le monde et leva la séance sans proférer un seul mot. Cette mesure rétablit la tranquillité. C'est ainsi que l'usage du café, adopté universellement en Orient, s'y est perpétué malgré la violence des lois et l'austérité de la religion, qui s'étaient réunies pour le proscrire.

Les Turcs ont un intendant particulier qu'ils nomment *kaveghi*, c'est-à-dire officier du café, et, dans le sérail, il y a plusieurs kaveghi ; chacun d'eux préside à vingt ou trente battagis ou employés chargés de préparer cette liqueur agréable.

Le café avait commencé à être en crédit à Constantinople, sous le règne de Soliman-le-Grand, en 1554. Ce fut environ un siècle après qu'on l'adopta à Londres et à Paris. Mais son introduction en Angleterre éprouva, sous Charles II, les mêmes difficultés qu'elle avait éprouvées en Turquie sous Amurat et Mahomet. On trouva que les cafés devenaient des assemblées trop considérables, et on les supprima en 1675, comme des séminaires de sédition. On fut plus modéré en France : l'établissement de ces lieux publics s'y fit et s'y maintint paisiblement. En 1669, Soliman Aga, qui demeura à Paris pendant un an, fit goûter du café à un grand nombre de personnes, qui, après son départ, continuèrent à en faire usage. La première salle de café publique fut construite à la foire Saint-Germain, par un Arménien, en 1672. Depuis, il s'établit sur le quai de l'École, où on voit encore une boutique au coin de la rue de la Monnaie; la salle n'était fréquentée que par des chevaliers de Malte et par des étrangers. Ayant quitté Paris pour aller à Londres, il eut plusieurs successeurs. Une tasse de café, à cette époque, se vendait 2 sous et 5 deniers. Enfin, un certain Étienne, d'Alep, construisit le premier, à Paris, une salle de café, décorée avec des glaces et des tables de marbre; elle était et est encore dans la rue Saint-André-des-Arts, vis-à-vis le pont Saint-Michel.

Un peuple naturellement vif et léger, dut adopter bien vite l'usage d'une boisson qui était si propre à entretenir sa gaîté ordinaire. Elle fut d'abord un objet de fantaisie ou de luxe, et elle ne tarda pas à devenir un besoin, surtout pour les riches. Le goût s'en répandit de proche en proche dans toutes les conditions et dans tous les pays. Les habitants du Nord s'y accoutumèrent, et ils préférèrent cette boisson à leurs liqueurs.

Enfin, toute l'Europe prit du café. Il était impossible qu'un goût, devenu si général, ne donnât point envie aux Européens de posséder l'arbre qui produisait cette graine précieuse. Les puissances maritimes de cette partie du monde avaient des colonies placées entre les tropiques; elles songèrent à y transporter le caféier. Il fallait l'aller chercher dans son pays natal, c'est-à-dire en Arabie, car c'était de cette contrée que venait alors tout le café qui se débitait dans le commerce. Cette entreprise était réservée à une nation connue par son industrie; les Hollandais furent les premiers qui transportèrent cet arbre de Moka à Batavia, et de Batavia à Amsterdam.

Au commencement du XVIIIe siècle, les magistrats de cette ville en envoyèrent un pied à Louis XIV. Ce pied, qui fut soigné au Jardin-des-Plantes de Paris, a été le père de tous les caféiers plantés, depuis, dans toutes les îles françaises de l'Amérique. Ce fut d'abord à la Martinique que parut le premier de ces arbres. Il y fut transporté par M. de Clieux. Pendant la traversée, qui fut longue et pénible, l'eau douce étant devenue rare et ayant été mesurée à chaque passager, ce zélé citoyen partagea toujours sa portion avec l'arbuste qui lui avait été confié. Il parvint ainsi à le sauver. Arrivé à la Martinique, il le planta dans le lieu de son jardin le plus favorable à son accroissement, et le fit garder à vue jusqu'à ce qu'il eût fructifié. Il en distribua les graines à divers habitants de l'île, qui en étendirent prodigieusement la culture. Quelques années après, des plants de café furent transportés de la Martinique à Saint-Domingue, à la Guadeloupe et aux autres îles adjacentes.

2

Dans le même temps, à peu près, la culture du caféier fut introduite à Cayenne par un Français, qui en apporta des graines fraîches de la Guyane Hollandaise. En 1718, la Compagnie française des Indes, établie à Paris, envoya aussi des plants de café Moka à l'île de Bourbon; tous les caféiers cultivés aujourd'hui dans cette île, descendent de ces plans. Cependant, il en existe une espèce ou une variété indigène dans ce pays; du moins le fait suivant, consigné dans les Mémoires de l'Académie de sciences de Paris, année 1715, semble le prouver. « Les » habitants de l'île Bourbon, y est-il dit, ayant vu, sur un navire fran- » çais revenant de Moka, des branches de caféier ordinaire chargées de » feuilles et de fruits, reconnurent aussitôt qu'ils avaient, dans leurs » montagnes, des arbres entièrement semblables. Ils allèrent en cher- » cher des branches, dont la comparaison avec celles qui avaient été » apportées se trouva exacte, tant pour les feuilles que pour les fruits. » Seulement, le café de l'île fut trouvé plus long, plus menu et plus » vert que celui d'Arabie. » Ainsi, l'usage du café s'est introduit en France entre 1640 et 1660. J'ajouterai aux détails que je viens de rapporter, que le premier café fut établi à Marseille en 1671, et que c'est l'an d'après que s'ouvrit celui du quai de l'École, dont il a été question ci-dessus. Le café de l'Ancienne-Comédie, qui porte encore aujourd'hui le nom de son fondateur, le Sicilien Procope. et qui, dans quelques cir- constances, a joué un certain rôle dans la petite politique, fut établi en 1689. Mac-Culloch raconte, de la manière suivante, l'introduction du café à Londres, et les difficultés que les Hollandais ont eu pour se pro- curer les premiers plants de caféier.

Le premier des établissements auxquels on donna le nom de café, fut ouvert, à Londres, en 1652. Un négociant nommé Edward, qui commer- çait avec la Turquie, ayant rapporté du Levant quelques sacs de café, et emmené avec lui un serviteur grec accoutumé à le faire, vit bientôt sa maison assiégée par une foule de gens qui, sous prétexte de lui ren- dre visite, venaient pour goûter cette nouvelle espèce de liqueur. Pour satisfaire ses amis qui devenaient plus nombreux chaque jour, tout en se délivrant de l'embarras qu'ils lui causaient, il promit à son servi- teur de l'établir où il lui plairait pour faire du café et le vendre au public.

En conséquence de cette permission, le Grec ouvrit un café à l'en- droit même où est aujourd'hui le café Virginie (Coffee-House); le célè- bre café de Garraway, où se font tant de ventes à l'encan, fut le pre- mier qui ouvrit après le grand incendie de 1666. Par une proclamation publiée en 1675, Charles II essaya de supprimer les cafés, sur le motif qu'ils servaient de lieux de réunion aux mécontents, qui inventaient et répandaient des bruits mensongers et calomnieux pour diffamer le gouvernement du roi et troubler le repos de la nation. Les douze juges ayant été consultés sur la légalité de cette mesure, déclarèrent que la vente en détail de cette décoction du café pouvait être un trafic inoffensif, mais que, comme on la faisait pour entretenir la sédition, propager des mensonges et calomnier de grands personnages, ce pouvait aussi être une chose nuisible et qu'il convenait de prohiber. Les princes arabes, pour se conserver le monopole du café, avaient défendu, sous peine de mort, d'exporter du pays aucun plant de caféier, défense d'ailleurs assez difficile à enfreindre, attendu qu'on ne trouve cette plante qu'à vingt-cinq lieues de Moka, seul port où il fût permis aux navires européens d'aborder. On dit même que les Arabes poussaient la précaution jusqu'à stériliser les semences du café au moyen d'un certain degré de torréfaction qu'ils leur faisaient subir avant de les livrer au commerce. En dépit de tous leurs efforts, les Hollandais réussirent à se procurer, soit des plants, soit des graines demeurées fécondes, et naturalisèrent le caféier aux environs de Batavia.

Commerce, Consommation, Exportation et Importation, Droits, Prix.

La culture du café, qui se répandit ainsi de proche en proche, ne tarda pas à prospérer dans les colonies françaises. En 1789, Saint-Domingue en produisait annuellement de 60 à 80 millions de livres, la Martinique près de 10 millions, et la Guadeloupe de 6 à 7 millions.

La quantité de café qui se consomme en Angleterre est prodigieuse. On l'évaluait, en 1834, à environ 24 millions de livres, qui, à raison d'un droit de 60 centimes par livre, produisait au fisc près de 15 millions de francs. Cette consommation a fait des progrès non moins étonnants depuis 1789 où elle ne livra qu'un peu plus de 900,000 livres, c'est-à-dire moins du 24e de ce qu'elle est aujourd'hui.

Elle a plus que triplé dans ces vingt dernières années. L'importation de cette denrée coloniale, en 1833, s'est élevée à près de 50 millions de livres et l'exportation à près de 26 millions, c'est-à-dire que cette dernière et la consommation ont présenté presque le même chiffre.

L'accroissement rapide de la consommation du café, dans presque tous les pays de l'Europe et aux États-Unis d'Amérique, a donné à cet article une grande importance commerciale, tant par la masse énorme des capitaux et de travail employés à sa production que par le nombre des navires nécessaires à son transport.

C'était Saint-Domingue qui en fournissait en plus grande quantité, puisque dans l'année 1786, il s'en exporta environ 25,000 tonneaux, et que sans l'insurrection qui éclata dans cette île en 1792, l'exportation se serait probablement élevée à 42,000 tonneaux. Par suite des dévastations qu'amena cet évènement, elle cessa presque entièrement pendant plusieurs années. Peu à peu elle recommença à s'accroître, et on l'évalue aujourd'hui à 30,000 tonneaux par an. Au Brésil, l'exportation du café a quadruplé depuis trente ans. Aux Indes-Orientales et à Ceylan, la production de cet article prend de jour en jour un développement considérable.

Voici à peu près quelles sont les quantités de café exportées annuellement des différents pays qui le produisent : de Moka, Hodeïda et autres ports d'Arabie, 15,000 tonneaux ; de Java, 20,000, du Brésil et des anciennes possessions espagnoles de l'Amérique du Sud, 50,000 ; de Saint-Domingue, 25,000 ; de Cuba et de Porto-Rico, 30,000 ; des colonies anglaises aux Indes-Orientales, 15,000 ; des anciennes colonies hollandaises, dito 10,000 ; des colonies françaises, dito, et de l'île de Bourbon, 12,000 ; total, 187,000 tonneaux.

On évalue ainsi la consommation : Grande-Bretagne, 18,500 ; Hollande et Belgique, 47,500 ; Allemagne et Etats riverains de la Baltique, 39,000 ; Amérique, 27,500 ; France, Espagne, Italie, Turquie d'Europe, Levant, 43,000 tonneaux.

Ces renseignements sont tirés de Mac-Culloch.

Les droits sur les cafés, en France, sont, pour 100 kilos, de 50 francs sur les cafés de l'île Bourbon, de 60 fr. sur ceux de la Guyane française, de la Martinique et de la Guadeloupe, de 78 fr. sur ceux de l'Inde, de 95 fr. sur ceux provenant de tous les pays situés à l'ouest du cap Horn et d'ailleurs hors d'Europe, de 100 fr. sur les cafés des entrepôts, et de 105 fr. sur ceux qui entrent par navires étrangers et par terre.

Les droits de sortie sont de 25 centimes.

RÉSUMÉ DE CETTE PREMIÈRE PARTIE.

—

Maintenant, lecteurs, que vous venez de terminer ce long voyage de circumnavigation, de compagnie avec ce brave M. le chevalier de Clieux, qui mourait de chaleur et de soif en se privant de sa faible ration d'eau douce pour la faire boire à son jeune plant de caféier, qui, à son tour, périssait de soif, de misère et de douleur, pendant cette longue traversée à travers les récifs de ce grand Océan ; si M. de Clieux se privait ainsi de ce qui lui était si nécessaire pour soulager son jeune arbuste, c'est par la raison toute simple que le roi son maître lui avait dit en partant de Paris : « Monsieur le chevalier, je vous confie la vie de ce jeune arbre, au péril de la vôtre ; vous allez partir sur-le-champ, un navire vous attend au Havre ; vous vous y embarquerez, et vous ne mettrez pied à terre qu'à la Martinique, lieu où vous planterez votre compagnon de voyage pour le voir grandir et fructifier. Cet arbre est destiné à rendre des services immenses au commerce des colonies et à tous les peuples des continents. Ayez-en soin, vous êtes libre. » Il n'en fallait pas davantage à M. le chevalier de Clieux, car cette sortie de Louis XIV, si familière en apparence, en réalité n'en était pas moins un ordre formel, qu'il fallait exécuter en exposant sa propre vie pour sauver celle de l'arbuste, sous peine d'encourir une disgrâce terrible au retour de son voyage.

En arrivant à la Martinique, à peine cet arbuste avait-il un reste de vie, et il est à croire que si la traversée avait duré quelques jours de plus, c'en était fait de lui. M. de Clieux n'aurait pas survécu à ce malheur. Aussi, en débarquant, lorsqu'il s'aperçut que tout espoir n'était pas encore perdu, il s'empressa de le faire planter dans l'endroit de son jardin le plus propice à la végétation, il le fit garder à vue et le visita à chaque instant du jour et de la nuit. A mesure que le pied de l'arbre prenait racine, son écorce et son feuillage paraissaient plus vigoureux et plus frais. M. de Clieux le regardait croître et prospérer avec un air de contentement, d'orgueil et de satisfaction. Par une belle matinée du printemps, M. de Clieux se promenait dans son jardin ; il s'aperçut que son jeune caféier avait des fleurs en grande quantité. Il ne pouvait en croire sa vue. La joie qu'il éprouva en cet instant si solennel de sa vie se changea bien vite en tremblement nerveux, une prostration complète de tout son corps se déclara sur-le-champ. Ses jambes ne purent plus le soutenir, il s'affaissa tout d'un coup, son corps alla rouler au pied de l'arbre sans connaissance ni signe de vie; on courut à son secours, on l'emporta dans ses appartements, on le déposa sur un divan pour lui donner les premiers soins que son état exigeait. On croyait à une attaque d'apoplexie foudroyante : son médecin ne tarda pas à reconnaître le motif de ce dérangement subit; il rassura les assistants de cette scène de désespoir. Un linge mouillé d'eau fraiche, passé légèrement sur la figure du moribond, et l'aide de la respiration de quelques sels, eurent vite fait disparaître l'indisposition du malade, qui revint à lui-même en s'écriant : « Des fleurs! des fleurs à mon caféier! » A ces paroles, on comprit que c'était la joie qui avait été cause de cette indisposition. Un instant après, M. de Clieux conduisit tous les assistants de cette scène de désespoir au jardin pour leur faire admirer à leur tour l'objet de ses plus grandes préoccupations. Chacun se mit autour de cet arbuste, planté droit comme un cierge sur l'autel d'une église, dans un coin du jardin le plus propre à sa croissance et à son développement. La joie était peinte sur tous les visages, de voir un arbuste, si jeune encore et si petit, chargé d'une aussi grande quantité de fleurs. Chacun parlait à son avantage et faisait l'éloge de M. de Clieux, de l'abnégation dont il avait fait preuve en se privant lui-même de boire la petite portion d'eau qui lui revenait chaque jour à bord du navire pour prévenir le dépérissement d'un arbuste encore inconnu.

De temps en temps, une faible brise passait sur le jeune caféier, en agitant ses petits rameaux chargés de feuilles et de fleurs. Alors, les uns disaient : Si toutes ces fleurs retiennent bien, sa première récolte sera de deux à trois livres de graines. M. de Clieux répondait : Je compte sur quatre. Les fleurs furent bientôt remplacées par une baie ou cerise, qui couvrait de son enveloppe deux fèves accolées l'une à l'autre par leur côté plat et sillonné, séparées l'une de l'autre par une arille ou pellicule fine comme de la soie. La récolte de ces fruits ne se fit pas attendre long-temps; les premiers fruits de cet arbre dépassèrent en beauté et en qualité toutes les espérances que l'on avait lieu d'attendre au temps de la floraison. La récolte fut de deux kilogrammes de fruits d'une santé parfaite, d'un parfum très agréable. M. de Clieux fit enfermer dans une boîte en ébène la moitié de cette première récolte, qui avait dépassé toutes les espérances. A cette époque, un navire était en station à la Martinique et aux ordres de M. de Clieux; celui-ci fit appeler le commandant du navire pour lui remettre la précieuse boîte, cachetée aux armes de Louis XIV. Le commandant ne se fit pas attendre, il se rendit sur-le-champ chez M. de Clieux, qui lui remit la boîte en lui donnant l'ordre de faire voile pour la France. Le capitaine du navire ne demandait pas mieux que de quitter des parages continuellement tourmentés par des ouragans, des tempêtes et des courants qui font désemparer les ancres eu chassant les navires sur des écueils, où presque toujours ils trouvent, avec les équipages, une mort sans gloire ; il leva l'ancre, fit son salut de départ et partit pour la France.

Quant au reste de la récolte, M. de Clieux fit appeler chez lui les habitants les plus notables de l'île, il leur partagea les semences de caféier en les engageant à en faire la plantation. Chacun de ceux qui avaient reçu des fèves les planta en temps utile, et l'on a vu depuis cette époque accroître de proche en proche les plantations de cet arbre, qui aujourd'hui est l'objet d'un si grand commerce et le sujet d'une consommation générale. Les arbres n'ont changé ni leur forme ni leur nature, partout ils sont les mêmes. Il n'en est pas ainsi des fruits ; chaque contrée fournit sa variété, les uns gros, d'autres petits ; les uns sont plats, d'autres sont roulés ; les uns ont un sillon profond, tandis qu'à d'autres à peine est-il marqué. Les uns sont de couleur verte, d'autres sont jaunes, et certains grisâtres ou noirâtres ; quelques-uns ont une pellicule adhérente, d'autres n'en ont pas du tout ; les uns sont durs à la torréfaction, d'autres sont tendres ; les uns ont beaucoup d'humidité, les autres sont très secs ; les uns ont beaucoup de force et peu de parfum, tandis que d'autres ont peu de force et beaucoup de parfum. La torréfaction des cafés fait contracter beaucoup d'âcreté irritante aux uns, et presque pas aux autres. Cette diversité de caractères est bien marquante dans la famille des cafés, et pourtant tous ont la même origine : tous les caféiers des colonies d'Amérique sont les fils de celui planté à la Martinique par les soins empressés et miraculeux de M. le chevalier de Clieux. Cet arbre de prédilection est donc considéré comme le père Adam de tous les caféiers que je viens de nommer, tandis que lui tire son origine des caféiers de la Mecque. Il est donc à croire qu'en transplantant cet arbre et en l'expatriant, il perd plutôt qu'il ne gagne. Il y a aussi des variétés qui fournissent un meilleur liquide quand elles proviennent d'une récolte récente que lorsqu'elles ont vieilli dans les magasins humides et entourés de matières qui absorbent leurs bonnes qualités pour leur en communiquer de mauvaises.

Tandis que d'autres qualités, en vieillissant dans des lieux secs et aérés sans entourage dangereux, gagnent en qualité, leur parfum est plus fin, plus prononcé, elles ont moins d'âcreté austère, amère, irritante. Il est donc très utile, urgent même, de rechercher les variétés de cafés qui n'ont que de la force et peu d'arôme, pour les mélanger avec celles qui ont peu de force et beaucoup de parfum, afin que l'on puisse trouver dans la tasse et au palais par la dégustation l'un et l'autre, c'est-à-dire force, arôme, saveur et goût tout à la fois. La préparation du café est de même que la fabrication des liqueurs spiritueuses : les associations discordantes dans ces compositions ne produisent jamais un bon effet.

Ainsi, dans l'analyse du café, vous avez déjà lu que M. Cadet-Gassicourt, célèbre chimiste, et d'autres personnages marquants dans les arts, avaient trouvé dans leurs recherches et leurs travaux pratiques que le café contenait un mucilage abondant, beaucoup d'acide gallique, une résine, une huile essentielle concrète, de l'albumine, un principe aromatique volatil, ensuite le tannin, et une matière fortement azotée qui se présente en petits cristaux soyeux; elle a reçu le nom de caféine.

Maintenant, lecteurs, vous savez ce que le café contient, mais vous ne savez pas à quoi cela peut servir, ni les travaux pratiques que vous avez à faire pour vous procurer ces objets ou substances qui sont renfermées dans le café. Vous n'avez jamais lu dans aucun ouvrage de pareils détails ; vous n'avez jamais vu non plus dans le commerce d'aucun pays vendre ces objets en nature pour les utiliser dans les arts de la gastronomie culinaire et l'économie domestique.

La science s'est arrêtée là sans faire un pas de plus vers le progrès. De mon côté, ce ne sera pas ainsi que vous verrez écrits mes aperçus dans cet ouvrage, ce sera le travail pratique qui l'aura dicté à l'aide de l'intelligence, de la persévérance et du goût, de la perte de temps et d'argent. Oui, lecteurs, ce sont tous ces sacrifices que je me suis imposés pendant plus de douze années en travaillant cette denrée coloniale, pour en composer quelque chose d'utile et d'agréable pour le commerce et ensuite pour l'agrément de la société en général.

Tous les procédés qui seront consignés dans ce recueil seront compréhensibles et accessibles aux moindres intelligences. Ce ne sera plus qu'un amusement et un travail de délassement pour tous ceux qui voudront les mettre en pratique. Ce seront de nouveaux procédés inconnus encore du commerce et des consommateurs de tous les pays; ce seront des compositions bien supérieures en qualité et en conservation à tout ce qui s'est fait jusqu'à ce jour, soit en nature et liquides, oui des liquides que les grands hommes de l'art de tous les pays du globe ont cherché à produire sans jamais pouvoir y réussir, sans préjudice de ceux qui s'en occupent encore aujourd'hui. Il n'y a pas une substance ou denrée qui ait été l'objet de tant de travaux, de tant d'essais et de préparations diverses que le café ; il n'y a pas un objet dans le commerce qui ait occasionné de fabrication d'appareils si divers par leur nature de construction, les moyens de préparation que l'on devait employer et le résultat que l'on devait en obtenir pour l'avoir meilleur que ce que l'on a eu jusqu'aujourd'hui. Eh bien ! toutes ces fabrications d'appareils consistant en cafetières, brûloirs et moulins, cafetières en fer-blanc et en étain, en terre et en porcelaine, en verre et en cristal, en argent et en cuivre, tous les métaux possibles et connus ont été employés ; un grand nombre d'ouvriers de chaque corps d'état a été mis au travail et à l'œuvre de ces machines pour servir à la préparation du café, pour l'obtenir plus ou moins fort, plus ou moins limpide, plus ou moins détestable ; tous ces fabricants industriels brevetés sans garantie du gouvernement, ont tous fait force réclames dans les feuilles quotidiennes et périodiques pour donner l'éveil à tous les amateurs du véritable et bon café, pour trouver preneurs à toutes ces inventions de fantaisie et de luxe, d'utilité ou d'inutilité dans le ménage. Le café seul a eu raison de toutes les peines, de tous les soins et de toutes les attentions que les hommes ont eu pour lui, il n'a pas été meilleur dans l'un plus que dans l'autre de ces appareils : il est resté ce qu'il était auparavant, sans faire un pas de plus vers le progrès.

Les véritables amateurs gourmets et connaisseurs de cette boisson tonique ne trouvant aucun changement d'amélioration dans l'emploi de ces divers objets de pure fantaisie, ont été obligés de les abandonner. Les uns les ont descendus à la cave, tandis que d'autres les ont montés au grenier pour les laisser dévorer par la rouille et l'oxyde. Il n'en est plus question ; ceux qui restent dans les magasins de quincaillerie ou de bric-à-brac sont là en attendant que quelque navire du Havre en fasse une pacotille pour l'exportation. Aujourd'hui que l'on a bien reconnu que le café, d'une manière comme de l'autre, ne pouvait pas être meilleur, malgré tout ce que l'on avait fait pour l'obtenir, le véritable café des îles n'est plus employé que comme accessoire au café indigène, que l'on affuble du nom de Moka des dames, et qui n'est autre chose qu'une mauvaise racine qui porte le nom de chicorée. Cette denrée indigène est aujourd'hui, à Paris surtout, l'objet d'un grand commerce et d'une consommation immense dans l'intérieur des familles, sous le rapport de l'économie domestique. Aussi, qu'en résulte-t-il ? Il en résulte que le café que l'on y prend n'a plus que le goût de la chicorée. Pour donner la couleur à un bol énorme de lait, une couleur foncée comme on l'aime dans les pays du nord de la France, il fallait trop employer de véritable café exotique, et comme il est toujours fort cher, on y regarde à deux fois. Pour obtenir trois demi-tasses de café, les femmes bonnes ménagères emploient vingt grammes de café chicorée et dix grammes de véritable café des iles. Avec ce poids elles obtiennent trois tasses de café parfaitement haut en couleur, pouvant donner une belle teinte à plusieurs litres de lait, et tout cela préparé de cette manière fait le premier déjeuner de toute une famille.

Dans le café ordinaire ou café à l'eau, comme on dit à Paris, la saveur du café exotique s'y fait davantage remarquer ; la chicorée ne s'y fait pas autant sentir ; malgré cela, on l'y trouve toujours. A l'apparition de toutes ces cafetières de nouvelle forme et nouveaux modèles, la plupart de MM. les cafetiers, limonadiers, glaciers et restaurateurs de Paris en avaient fait l'acquisition ; mais ce travail les embrouillait trop, non-seulement ils obtenaient de mauvais résultats, mais encore ils éprouvaient une grande perte de temps et beaucoup d'embarras. Ces nouveaux genres de préparation de café les faisaient sortir de leurs anciennes habitudes ; les garçons de fourneau étaient obligés de faire un nouvel apprentissage ; ils durent renoncer à tous ces nouveaux modes de préparation pour se reporter aux anciennes habitudes.

L'ancienne habitude consiste à faire bouillir de l'eau ; quand elle est arrivée à ce point, on retire le vase du feu ; quand les bouillons se sont arrêtés on verse dans cette eau chaude la quantité de poudre de café déterminée par le poids sur la quantité d'eau voulue et mesurée d'avance pour le nombre de tasses que l'on se propose d'obtenir. En même temps que le café est jeté dans l'eau chaude, on casse quelques petits morceaux de colle de poisson, on agite le tout avec une spatule pour en faire le mélange ; la poudre de café étant devenue spongieuse par le moyen de la torréfaction, l'eau la traverse rapidement ; le café, devenant plus lourd par l'eau qu'il a absorbée, se précipite au fond du vaisseau en même temps que la colle fond, pour ne plus faire qu'une masse compacte, tandis que le liquide, parfaitement coloré et saturé par les substances volatiles aromatiques, remonte sur la superficie de cette pâte presque sans vertus agréables. A ce point de division, il y a un percement armé d'un robinet pour servir de vidange au liquide, quand on veut le servir et quand on sait que la clarification est parfaitement obtenue par le précipité.

Pour empêcher l'évaporation de l'arôme volatil par l'ouverture du vase qui contient le tout, pâte et liquide, on a le soin de rouler un linge en forme de câble que l'on place à cette ouverture ; on met ensuite le couvercle par dessus, en pressant fortement sur cet ajustage qui sert de lut à cette boisson tonique. Ce mode de préparation de café n'est pas le plus mauvais, mais il a un vice qu'il serait bon de faire disparaître et que je dirai au chapitre de la préparation du café. Cette préparation est préférée par les maîtres des établissements publics, parce qu'ils croient que le liquide restant plus long-temps sur le marc, se conserve un plus long espace de temps sans altération. Chacun a son idée ou sa manière de voir, usage fait loi, comme on dit; mais quant à l'arôme plus ou moins fin et la saveur du goût qui doivent constituer le bouquet de ce liquide, un amateur véritable appréciateur du vrai ou du faux trouve toujours à la langue et au palais les défectuosités de cette préparation.

Revenons maintenant au voyage du capitaine qui faisait voile pour la France. Le navire portant une boîte contenant la première récolte de café faite dans les possessions d'Amérique, fut assailli par des coups de vent, des rafales et des grains qui lui firent éprouver des avaries considérables. Le capitaine fut obligé de relâcher au pic de Ténériffe ; mais il n'y resta que quelques jours pour prendre du repos, faire de l'eau et embarquer des provisions. Quand tout fut prêt et que les malades furent bien rétablis, on leva l'ancre et l'on fit, de nouveau, voile pour la France. Un vent favorable les accompagna jusqu'au port du Havre de Grâce. Le capitaine du navire partit sur-le-champ pour le château de Versailles, accompagné de la boîte de café que M. le chevalier de Clieux lui avait confiée avant son départ de la Martinique. Le roi Louis XIV reçut le capitaine envoyé par M. de Clieux avec beaucoup d'affabilité, et témoigna sa reconnaissance des soins qu'avait pris M. de Clieux pour avoir su conduire à bien une entreprise qui, depuis cette époque, n'a pas discontinué de rendre des services agréables à toutes les populations du globe.

Maintenant que nous avons des cafés de toutes les plantations et de toutes les provenances des pays qui en font la récolte, nous allons faire de notre mieux pour choisir ceux qui seront les plus convenables à notre travail; nous mélangerons ceux qui se conviennent le mieux afin qu'ils se communiquent les uns aux autres leur force et leur parfum. Nous ferons aussi tous nos efforts pour simplifier le travail de main-d'œuvre, en cherchant les meilleurs appareils possibles pour ne pas perdre de temps et obtenir de meilleurs résultats que ceux déjà connus jusqu'à ce jour.

FIN DE LA PREMIÈRE PARTIE.

DEUXIÈME PARTIE.

CHOIX DES CAFÉS MÉLANGÉS, BRULOIRS, TORRÉFACTION, CAFETIÈRES, PRÉPARATION.

PROCÉDÉS DU CAFÉ DE CHARTRES. — DU CAFÉ AU LAIT, ETC.

Si, d'un côté, le travail et la préparation du café n'ont fait aucun progrès d'amélioration, de perfection et de conservation, d'un autre côté, la consommation de cette denrée coloniale a fait des progrès immenses.

Généralement, toutes les populations en font usage, les unes par besoin ou par nécessité, d'autres par habitude ou raison de santé, certaines par luxe, et la plus grande partie par économie, coupé avec du lait. Aussi, la vente de ces deux articles est prodigieuse, si l'on s'en rapporte à tous les établissements de commerce que l'on voit principalement dans la capitale et dans toutes les autres villes de premier et de second ordre, où le commerce est plus considérable que dans les petites villes, bourgs et villages, délaissés par la plupart des ouvriers qui vont avec leurs familles habiter les grands centres, où se trouvent toujours les fabriques qui les occupent plus facilement et à l'abri des injures du temps.

Dans ces petits pays, il n'y réside que ceux qui y possèdent des immeubles, et ceux qui n'ont d'autre état que celui du travail de la terre. Ces populations rurales n'ont d'autre agrément, de distraction, les jours de fête ou de pluie, que de bayer aux corneilles et de s'ennuyer profondément au sein de leurs familles et à l'entour de leur bétail et de leurs poulaillers, celles-là aussi prennent du café mais , Ciel de Dieu ! quel café ! du café qui a été mal choisi , mal tenu , mal travaillé, et plus mal préparé encore; du café qui a été grillé depuis long-temps et mis en poudre, de manière que lorsqu'on veut s'en servir, il n'a plus aucune des qualités remarquables de ce liquide, sauf la couleur ; l'arôme et la saveur ont totalement disparu.

J'ai déjà dit que nous avions, dans les variétés des divers cafés que nous connaissons, des durs et des tendres, des cafés verts et des jaunes ou fauves, que les uns avaient de la force et peu d'arôme, tandis que les autres avaient plus de force et plus d'arôme, que les uns étaient secs et les autres humides.

Les cafés verts généralement, n'importe laquelle des variétés, sont ceux qui sont les plus gros, les plus durs, les plus humides, et ceux qui ont le plus de force, mais le moins d'arôme. Quand je dis cafés durs ou tendres, c'est à la torréfaction ; car les uns sont plus vite grillés que les autres. Cette raison seule fait qu'à Paris, les marchands, pour avoir, à l'étalage des boutiques, des cafés torréfiés avec l'unité de couleur, grillent séparément toutes les variétés. On peut arriver également bien à la même unité de couleur, en grillant huit ou dix variétés ensemble, et éviter, de cette manière, un temps infini de main-d'œuvre et de chauffage. Quand nous en serons à la torréfaction, je ferai de mon mieux pour faire comprendre, à l'ouvrier, la manière et le travail pratiques pour y parvenir Je ferai remarquer aussi que les personnes qui font le travail de la récolte des cafés, dans les pays chauds de l'Arabie et de l'Amérique, ne sont que des Bédouins et des Nègres extrêmement sales ; il convient donc de laver les cafés à l'eau bouillante et de les faire sécher avant de les griller. Cette manipulation n'est pas difficile à pratiquer, et elle offre de bons résultats, tant pour la qualité du liquide que pour la santé du consommateur.

Nous avons donc, dans le commerce, plus de vingt pays différents qui fournissent les cafés que nous connaissons, et dont nous faisons usage : le Moka, qui se présente sous plusieurs formes et plusieurs grosseurs ; en second lieu, le Martinique, fin vert et ordinaire ; Guadeloupe, une seule qualité ; Bourbon, plusieurs qualités, le doré, l'ordinaire, et celui qui a la forme de navettes et l'arôme du thé ; Haïti, une seule qualité ; Cayenne, une seule variété ; café Cuba, une seule variété ; Ceylan, une seule variété ; café Porto-Rico, une seule variété ; café du Brésil, qu'on appelle Rio, plusieurs qualités ; café Java, plusieurs variétés ; Sumatra, plusieurs variétés ; café Jamaïque, une seule variété ; café Bleu, peu connu dans le commerce ; café Manille, également peu connu. Nous avons, en outre, les cafés d'Afrique, qui ne sont pas encore assez connus pour en parler dans cet ouvrage. Dans le choix que l'on doit faire pour les mélanger, quand on veut avoir plus d'arôme que de force dans la préparation, on prend cinq ou six cafés différents, deux parties de café jaune sur une partie de café vert; quand on veut plus de force que d'arôme, on prend deux parties de café vert et une partie de café jaune, et lorsque l'on veut obtenir l'un et l'autre, on les partage par parties égales.

Plus on prend de variétés ensemble, mieux cela vaut; car ceux qui n'emploient qu'une ou deux qualités pour obtenir un bon résultat, ceux-là se trompent. Quand on voudra les travailler, il faudra les choisir bien secs, très sains et bien nets, et prendre, de préférence, ceux qui n'ont pas séjourné dans des magasins humides et mal aérés, ni entourés de matières d'une odeur forte, malsaine, pénétrante, telles que la térébenthine et le goudron, les résines, les huiles rances et les savons, fromages et salaisons, les oranges et citrons, enfin tout ce qui est susceptible de leur communiquer des odeurs et des saveurs désagréables, qui donneraient au liquide que l'on en obtiendrait, le goût et la saveur de ces entourages, en masquant le véritable arôme du café, qui doit se montrer tel que la nature le lui a donné.

Du Brûloir.

Le brûloir est un appareil indispensable au travail du café. On en connaît de plusieurs formes, des cylindriques, des ovales et des sphériques ou circulaires; ce dernier est le plus propre au travail du café; il consiste en une boule ronde, percée au centre par un broche qui la traverse d'un bout à l'autre en dépassant les deux extrémités, l'une de quelques pouces, pour servir de point d'appui en s'appuyant dans une entaille pratiquée sur la paroi du fourneau qui contient le chauffage; l'autre bout de cette broche est bien plus long, et, au milieu de sa longueur, il forme un coude qui se prolonge encore, en droite ligne de huit à dix pouces, pour se recourber ensuite en forme de manche armé d'une poignée en bois, qui sert à donner ou à imprimer le tour de main pour opérer le grillage du café soumis à la chaleur du combustible. Cet appareil est le meilleur de tous les brûloirs connus et inventés jusqu'à ce jour, parce que les grains de café n'ont aucun endroit pour s'arrêter et se fixer à demeure, exposer à l'ardeur de la tôle brûlante, calciner et brûler en pure perte ceux des grains qui y sont renfermés, le café s'y trouvant toujours soumis au mouvement de rotation depuis le commencement jusqu'à la fin du travail. Ce brûloir est connu depuis environ dix années ; il est breveté, et, pour se le procurer, on doit s'adresser, à Paris, chez M. Voisin, limonadier, rue Saint-Honoré, n° 369, ou rue de Luxembourg, n° 16.

Du Moulin.

Le moulin est encore un meuble indispensable à celui qui se livre au travail et à la vente de cette denrée coloniale. On pourrait se servir facilement d'un mortier en marbre ou en fer, mais le travail non-seulement serait plus long, il occasionnerait encore la perte de l'arôme et il ne serait pas aussi régulièrement fait qu'à l'aide du moulin. Il y a plusieurs sortes de moulins ; la plupart ne sont que des objets de pacotille, fabriqués avec du fer tendre et les engrenages d'une mauvaise trempe, occasionnant bien souvent des réparations qui coûtent toujours de l'argent sans être plus satisfaisantes. Les engrenages ne vont jamais bien ; tantôt la poudre est trop fine et tantôt trop grossière. Ces moulins ne débitent pas assez vite ; on perd du temps le plus souvent où il faudrait aller vite, et on se trouve retardé par des accidents qui résultent de leur mauvaise fabrication.

Le plus souvent aussi l'appât du bon marché contribue beaucoup à ces désagréments ; cependant il n'en coûterait pas d'avantage d'acheter un bon moulin qu'un mauvais. Si on paie un peu plus cher en premier lieu, en second lieu on le gagne par l'économie des rhabillages ; le travail se fait mieux, est plus uniforme, on perd moins de temps, on s'impatiente moins ; le travail alors n'est plus qu'un amusement. Par toutes ces considérations bien justes, et dans l'intérêt de celui qui veut faire cette dépense, il faut qu'il ne regarde pas au prix de cet objet ; il faut qu'il choisisse un moulin de bonne fabrication, sortant des mains d'un ouvrier connu, qui ne fait que cette spécialité depuis de longues années, qui ait l'orgueil de son état et se fait payer le fruit de son travail en garantissant les objets de sa fabrique.

La maison Lauzanne, fabricant, rue de la Poterie, 24, à Paris, établit des moulins en cuivre depuis le prix de 25 francs et au-dessus ; il y en a, en outre, qui sont tout en fer, bien meilleur marché, aussi bons, mais pas aussi agréables à la vue, surtout dans une maison de commerce, où cet objet sert à chaque instant de la journée et est exposé aux regards du client.

D'autres maisons de fabrication de ces moulins en cuivre, établies à Paris, font les mêmes modèles que la maison Lauzanne. Les prix de ces objets sont à peu près les mêmes partout, et on peut s'en procurer très facilement, soit en s'adressant directement aux fabricants ou aux maisons de commission. Quand on possède un de ces moulins, on est assuré d'être tranquille pour plusieurs années, sans avoir le désagrément que l'on éprouve quand on fait choix de ceux qui sont moins chers. La bonté et la durée de ce meuble ne consistent que dans le travail bien établi de la noix et des engrenages. Si le fer est tendre et de mauvaise trempe, le tout sera vite usé; si le fer est plus dur et d'une trempe encore plus forte, les mêmes engrenages sont susceptibles de casser, soit par le frottement ou par la rencontre d'une pierre ou la tête d'un clou, ou de tout autre objet dur oublié dans le café. Ces simples observations doivent faire comprendre aux personnes que leur commerce force à faire l'achat d'un moulin à café, de le prendre bon et de s'assurer ensuite si le triage du café a été bien fait.

De la cafetière.

Voici le troisième appareil qui fait l'objet du matériel de l'établissement d'un laboratoire de limonadier ou de commerçant en café. De ces trois objets, c'est la cafetière qui a donné lieu à plus de recherches, à plus d'études et à plus de travaux que les deux autres, et celle qui a donné lieu à la prise d'un très grand nombre de brevets d'invention, sans préjudice de ceux qui se prendront encore par la suite. Toutes celles que l'on a faites jusqu'aujourd'hui, n'ont différé les unes des autres que par la forme. Quant au système, depuis la cafetière à la Dubeloy, il a toujours été le même, rien n'a été changé ni innové: le changement de nom seul en a fait les frais.

Tous ceux qui ont inventé de nouveaux modèles, n'ont eu d'autre but que de chercher des moyens plus ou moins expéditifs, plus ou moins embarrassants, pour obtenir ce liquide, par déplacement, plus ou moins limpide, plus ou moins agréable au goût, soit en employant le café seul, soit en le falsifiant avec des cafés indigènes d'une saveur peu agréable pour le goût des uns et excellente pour les autres; en opérant ainsi dans la préparation du café, les résultats ont été les mêmes dans tous les appareils. Le travail s'étant fait de la même manière, on ne pouvait espérer aucun changement, après avoir obtenu le liquide dans le récipient, pour le servir ensuite dans les tasses, plus ou moins chaud, plus ou moins aromatisé du parfum véritable de cette denrée coloniale, qui, à elle seule, fait le sujet de si grandes préoccupations d'esprit et l'objet d'un si grand commerce.

On a toujours pensé et cru qu'il n'y avait pas d'autres moyens de préparation aussi propres et aussi expéditifs que le procédé de déplacement à chaud; pourtant, il y en avait d'autres que les distillateurs liquoristes auraient dû prévoir et exécuter. Ce moyen est simple, bien plus sûr que de recevoir le liquide dans un récipient, alimenté jusqu'à la fin de l'opération par un liquide constamment chaud, qui ne peut ni condenser les vapeurs odorantes, ni dissoudre, ni combiner toutes les substances agréables qui doivent constituer ce qu'on appelle le bouquet. Quand on prépare cette boisson tonique, n'importe dans laquelle de ces cafetières à déplacement que nous connaissons déjà, et le nombre en est fort grand, la poudre de café étant placée sur le crible qu'on appelle le filtre, quand on verse l'eau bouillante par dessus, cette eau, ayant 80 degrés de chaleur, traverse l'épaisseur de la poudre et dissout promptement toutes les substances odorantes, volatiles, qui coulent ainsi dans le récipient avec les premières portions d'eau, et ne se combinent plus avec le nouveau liquide qui arrive sans cesse dans le récipient pour le remplir et le faire dégorger; s'il y avait trop de liquide dans le filtre, la liqueur, en dégorgeant du récipient, soit par les jointures ou par le bec du même récipient, et trouvant une issue, évaporerait les substances agréables dans l'espace en pure perte, au préjudice de la liqueur, et à plus forte raison à celui des consommateurs; au lieu que si on avait eu la précaution de frapper de froid la liqueur, par un réfrigérant condensateur, toutes les parties agréables auraient été saisies par ce corps froid, auraient été dissoutes et combinées avec la masse de la liqueur; en la faisant chauffer de nouveau dans un bain-marie pour reprendre la chaleur voulue, on aurait servi le café dans les tasses dans toute sa pureté. D'ailleurs, ce mijotage simple, sans être embarrassant, fait éprouver à la liqueur un velouté et un fini que nul autre procédé ne pourrait atteindre, surtout si on avait eu le soin de se servir d'eau distillée, qui est bien plus légère, plus douce, n'ayant plus aucun goût de crudité.

Un appareil, dit condensateur, combiné par moi, offre toutes les qualités désirables, surtout aux personnes susceptibles de préparer de grandes quantités de cette boisson tonique, comme dans les établissements publics, et ceux qui vendent le café en flacons ou à la mesure à emporter. Plus loin, on trouvera la description et le détail, ainsi que la marche nullement embarrassante de cet appareil, qui sera, je l'espère, le seul propre à faire toutes les préparations qui se trouvent relatées dans cet ouvrage, et qui seront prises en considération par toutes les personnes qui voudront bien les mettre en pratique.

De la torréfaction du café.

Après avoir fait choix d'un demi-kilo de café Moka trié, un demi-ki'o de Martinique fin-vert, un demi-kilo de Bourbon fin-jaune, un demi-kilo de Saint-Domingue et un demi-kilo de café Cuba, on fera chauffer jusqu'à ébullition complète huit à dix litres d'eau, on retirera le vaisseau du feu, on y versera les cinq demi-kilos de café différents, on les frottera quelques instants avec les mains pour détacher les impuretés adhérentes qu'elles contiennent. on les fera égoutter et sécher. puis on versera le tout dans le brûloir à boule, pour en opérer le grillage de la manière suivante :

On se servira d'un fourneau propre au chauffage de charbon de bois et coke. Quand on y aura mis le feu, on placera la boule à sa place, et on tournera vite, à main droite ou à main gauche, selon l'usage de la personne qui fera ce travail, en observant de tourner toujours dans le même sens, sans tourner alternativement, tantôt à droite et tantôt à gauche. Quoique l'appareil soit parfaitement sphérique, que le café s'y trouve toujours en mouvement de rotation, et qu'il n'y ait aucun coin pour y loger les grains, les y retenir pour y être exposés à l'ardeur du fer brûlant, on retirera la boule de temps à autre du fourneau, pour travailler les cafés à l'air libre, afin qu'ils acquièrent tous ensemble la même teinte de couleur et le même degré de chaleur au moment où les grains se dégagent de leur humidité; on fera ce travail jusqu'à ce que les cafés aient acquis la couleur d'or foncé ou fauve.

Quand cette couleur sera bien établie, on n'aura plus besoin de s'en occuper : à mesure que le café avancera vers son point de cuisson, la fumée sera plus abondante, et l'odeur de café grillé bien plus prononcée. Le travail approchera du point réel de terminaison, ce point si solennel et très difficile à connaître par la vue ; la pensée et l'odorat le laissent deviner ; cela se sent, mais ne peut s'expliquer. Toujours est-il qu'il faut savoir saisir le point principal qui doit présider d'avance à une bonne préparation de cette liqueur, destinée à l'agrément des consommateurs.

Les uns retirent la broche du feu lorsque la couleur des grains est celle de la cannelle foncée ; d'autres attendent la couleur marron ; d'autres, celle de la gousse de vanille ou celle du violet terne. Chaque travailleur a son point fixe et croit que c'est le meilleur ; comme je l'ai dit, cela se sent, mais ne peut s'expliquer.

Quand le travail de la torréfaction sera terminé, on se hâtera de retirer la broche du fourneau, on versera le café sur une pierre froide à l'air libre, on l'y étendra en une couche claire, à l'effet de le refroidir promptement ; ensuite on le réunira en tas, et, si le travail a été bien fait, tous les cafés, quoiqu'il y ait cinq variétés différentes, doivent avoir la même unité de couleur, aucun d'eux ne pourra plus se reconnaître, ni par sa forme, ni par sa grosseur, à l'exception du café Martinique, qui aura son sillon parfaitement blanc.

Ceux qui ne voudront pas faire le lavage du café à l'eau bouillante, quoique cette petite manipulation soit urgente et qu'elle offre de bons résultats sur la qualité de la liqueur comme pour la santé des consommateurs, ceux qui voudront continuer les procédés mis en pratique depuis si long-temps, peuvent les continuer s'ils s'en trouvent bien. Ce que j'écris, c'est la pratique qui me le fait écrire, et non une simple théorie n'offrant aux lecteurs que des récits vagues, ne présentant aucun résultat véridique pour le travailleur.

PROCÉDÉ DU CAFÉ DE CHARTRES.

A Paris, le café de Chartres jouit d'une grande estime. Ceux qui ne connaissent pas d'où vient ce titre de café de Chartres, pourraient croire que les plaines de la Beauce sont transformées en de grandes plantations de caféiers, de toutes les provenances et de toutes les variétés. Que l'on se rassure : les plaines de la Beauce sont trop froides pour la culture de cet arbre ; aussi, ni les Nègres, ni les créoles, ni les mulâtres, ni les bronzés, cuivrés, olivâtres et basanés des deux Amériques n'y pourraient pas mieux prendre racine que les arbres à café. Les Bédouins de la Terre-Sainte, de l'Afrique et de toutes les parties de l'Inde, n'y pulluleraient pas davantage. D'ailleurs, toutes ces peuplades nomades des îles et des continents préfèrent à tous les autres pays de la terre, le sol qui les a vues naître, grandir et mourir. Il est donc arrêté et convenu que les plaines de la Beauce restent toujours ce qu'elles ont été primitivement, ce que la nature les a faites, et ce qu'elles seront toujours, propres à la culture des céréales, afin de donner le pain de chaque jour à cette population flottante de Paris qui, sans le voisinage de ces vastes plaines, si abondantes et si fécondes en grains, courrait le risque de mourir de famine un quart ou un tiers de l'année.

Le café de Chartres est purement et simplement le café exotique travaillé à Chartres d'une manière propre à quelques personnes de cette ville, qui en font leur spécialité en en expédient dans beaucoup de villes des départements de l'empire français. D'autres, à Paris, ont voulu contrefaire le café de Chartres. Les uns le travaillent assez bien, et la plus grande partie mal. Les maisons qui le travaillent à Chartres ont un dépôt à Paris, et font croire au public que leur café est travaillé par des procédés exclusifs à eux, chacun en particulier, et à l'aide d'appareils inconnus à tous les autres marchands. Ces appareils, à leur dire, en doublent et en triplent la force, l'arôme, la saveur et la couleur ; c'est une réclame qu'ils font aux consommateurs, et il n'en faut pas davantage pour que le public en fasse usage. Le mérite de ces cafés est celui de donner une belle couleur à l'infusion, sans l'aide de la chicorée, qui change totalement le véritable arôme de cette préparation en lui en substituant une autre bien plus détestable au goût, et qui n'est toujours qu'un frelatage et un trafic pour tromper la bonne foi du public. Les autres marchands de cette denrée coloniale, qui ne connaissaient pas le travail du café de Chartres et qui ne le connaissent pas encore, pour donner la couleur à leur café, achètent à des industriels sans établissement une espèce de caramel solidifié et mis en poudre, ayant un brillant noir, qu'ils nomment *tonia*. Cette poudre est ensuite mélangée au café travaillé par les procédés connus de tous, sur une proportion établie par les vendeurs. Je crois qu'on en emploie trente grammes par livre de café. Le caramel, ainsi solidifié et mis en poudre, une fois mélangé à l'autre café lorsqu'on le prépare, donne au liquide une couleur bien plus belle et un peu plus d'amertume que si le café était seul. Cela suffit pour colorer le café liquéfié, que l'on mêle ensuite dans le lait destiné à faire le déjeuner de la population parisienne, qui, si elle se mettait au travail sans avoir préalablement pris un grand bol de café au lait, croirait travailler le ventre vide. Le tonia est une marchandise ou drogue fort chère ; le prix en est de 4 francs 80 centimes le kilo, ou 15 cent. les 30 grammes ; il est très lourd. Cela me porterait facilement à croire qu'il y entre une autre matière plus lourde que le sucre brut, telle que de la terre cuite et calcinée, pulvérisée ensuite et mélangée au caramel. Le faite que je signale existe dans le commerce des cafés de Paris.

Voici le meilleur procédé pour la préparation du café de Chartres.

Quand on voudra le préparer, on remplira la boule du brûloir à moitié de sa capacité, c'est-à-dire que le café cru ne devra pas couvrir la broche qui la traverse intérieurement; il devra plutôt rester en dessous. On fera le travail tel qu'il a été prescrit pour le grillage du café ordinaire, jusqu'à ce que la boule soit presque remplie par le café, qui aura gonflé en cuisant. On jettera alors dans le café trente grammes, ou quarante-cinq et même soixante grammes de bon sucre Martinique, duquel on se sert pour la fabrication du chocolat, je dis de trente à soixante grammes de sucre par livre de café employé. Quand le sucre sera versé dans l'appareil, il se mettra aussitôt en une espèce de sirop, qui, en tournant toujours sur le feu, ne tardera pas à graisser tous les grains et les empêchera même de rouler dans l'appareil; mais à mesure que le sucre fondra, n'ayant aucun liquide pour le maintenir plus long-temps à l'état sirupeux, il ne tardera pas à se caraméliser sur tous les grains de café, en leur faisant prendre une couleur noire et brillante. A ce moment, le café, n'étant plus liquéfié par le sucre, reprendra son roulement sec et clair sur la tôle chaude, et les grains se détacheront d'eux-mêmes par le frottement qu'ils auront entre eux; on les laissera ainsi rouler jusqu'à ce qu'ils aient atteint une belle couleur noire-bleue-ardoise; après, on les retirera du feu pour les refroidir le plus promptement possible. Quand le café sera froid, on le mettra dans des boîtes en bois pour le conserver et s'en servir au besoin, soit pour le vendre en poudre ou en grains. Si on le vend en poudre au public, on prendra quinze grammes de baume de tolu concassé en poudre grossière par kilogramme de café, que l'on mêlera ensemble et parfaitement. En procédant de cette manière dans le travail du café de Chartres, on l'aura dans la meilleure des perfections.

Nota. — L'ardeur du soleil et l'humidité faisant décuire le sucre fixé sur les grains de café; quand on veut les moudre au moulin, ils sont susceptibles d'empâter la noix ou les engrenages. Autant que possible on évitera ce désagrément.

Une fois que le sucre sera mis dans le café, ce dernier se trouvant dans un corps liquide et humide, il ne cuit plus que lorsqu'il aura repris sa position primitive et roulante. C'est alors l'instant de le retirer du fourneau. Il faut donc ne mettre le sucre qu'à l'instant où le point de cuisson sera arrivé.

Ceux qui n'ont pas de brûloir à boule peuvent se servir du cylindre ancien, sans difficulté aucune. Mais alors il faudra bien travailler les cafés, pour éviter de les laisser attachés dans les coins du cylindre. Toutes ces remarques et ces attentions, je me plais à les faire connaître à mes l ecteurs, pour les empêcher de faire des pertes de cet article, qui a une valeur assez élevée dans le commerce. Le sucre que l'on emploie dans cette préparation couvre hardiment le déchet que le feu fait éprouver au café, par le séchage de la torréfaction. Le sucre, qui coûte 70 ou 75 centimes, se vend ensuite 2 francs à 2 francs 40 la livre, selon la qualité des cafés que l'on a employés dans ce travail. Le procédé que je donne, je pense que peu de personnes établies dans ce commerce le connaissent.

Le baume de tolu est fort cher; on le trouve chez les droguistes de tous les pays.

CAFETIÈRE DE PARIS.

APPAREIL CONDENSATEUR GIRAUD,
PROPRE A LA PRÉPARATION DU CAFÉ.

Cet appareil, dont je suis l'inventeur et dont je me sers depuis fort long-temps, comme la meilleure de toutes les cafetières à déplacement, fera plaisir à ceux qui le mettront en pratique, soit par les résultats économiques qu'il offre en le faisant fonctionner pour l'usage de tous les cafetiers ou limonadiers, pharmaciens et épiciers, confiseurs et liquoristes, en un mot, tous ceux qui seront à même de vouloir travailler les cafés liquéfiés, pour les vendre ainsi dans le commerce.

Cet appareil peut servir à la préparation journalière d'un établissement public, quand même il débiterait deux mille tasses et plus. Sa construction est simple, solide, et assez agréable à la vue; elle se compose de trois parties, différentes les unes des autres, se réunissant ensuite en un seul objet pour exécuter le travail avec toute la promptitude désirable, sans être nullement embarrassante; premièrement, d'un cylindre à colonne, armé d'une passoire et de son couvercle pour la fermer hermétiquement, surmonté d'un bouton à olive ou pomme de pin; sur la partie du milieu, longeant les parois à droite et à gauche, sont placés deux

boutons à champignon, pour servir d'anses à la colonne; dans la partie
inférieure se trouve un crible ou filtre métallique ; à l'extérieur et à la
partie inférieure, et à deux centimètres, est fixé à demeure un cercle
qui se repose sur la deuxième partie de cet appareil et le ferme aussi
hermétiquement pour conserver, sans évaporation, les principes agréables de la liqueur aromatique. La deuxième partie se compose d'un entonnoir en forme de cul-de-lampe, formant un boudin à l'extérieur de
sa partie supérieure, avec une ouverture du diamètre de celui de la colonne et un cercle de 2 centimètres de largeur, plongeant intérieurement ou jaillissant en dehors, pour recevoir le bas de la colonne et
la fixer. Ce cul-de-lampe va en diminuant depuis le dessous du boudin
jusqu'à la partie inférieure, terminée en pointe d'œuf, auquel tient un
bout de tube de deux à trois pouces de longueur, et d'un centimètre de
diamètre; à l'intérieur de l'entonnoir est placé un second filtre métallique ou en tissu de laine, dit molleton ou feutre foulé, de la grandeur
du filtre, terminé en forme conique dans la partie basse, pour recevoir le
liquide qui vient du filtre supérieur. Cette manche, ou chausse conique,
est fixée aux parois du bas du cercle par des attaches ou agrafes. La
troisième partie se compose d'un seau, armé d'un serpentin en étain fin,
ayant cinq ou six tours en spirale du diamètre d'un centimètre, surmonté d'une douille faisant saillie en dehors, du diamètre de trois centimètres, pour recevoir le tube placé au bas du cul-de-lampe, où un
bouchon de trois centimètres de diamètre est placé pour soutenir le
reste de l'appareil ainsi désigné. La quatrième partie se compose d'une
tringle formant le pied de poule, armée à la partie supérieure d'un cercle qui fixe les trois branches sur les bords supérieurs du seau qui contient le serpentin et l'eau froide pour condenser le liquide chaud et le
refroidir sur-le-champ ; le cercle placé à la partie supérieure embrasse
l a colonne contenant le café et l'eau bouillante pour soutenir verticalement toutes les parties dudit appareil dans un état de solidité parfaite.
Toutes les parties de cet objet sont en cuivre jaune et rouge parfaitement étamées, solidement établies, à l'exception du serpentin, qui est
en étain fin ; le tout étant disposé de cette manière, exempte de toute
explosion, on opère de la manière suivante :

MARCHE DE L'APPAREIL.

Quand on veut préparer, soit du café ordinaire, soit de l'extrait,
ou toute autre infusion par déplacement, ou commence par placer

l'appareil dans un lieu sûr et qui n'embarrasse en rien pour les autres travaux ou préparations domestiques. On commence par remplir le seau qui contient le serpentin d'eau bien froide ou de glace si l'on veut, jusqu'à ce que l'eau coule du petit tube de décharge placé à la partie supérieure de ce vaisseau. On a le soin de fermer celui qui est dans le bas, qui ne sert que pour vider le contenu après le travail ; on place l'entonnoir, ou cul-de-lampe, sur la douille du serpentin, en fermant cet ajustage avec le bouchon de liége, pour empêcher l'air extérieur de pénétrer intérieurement ; après, on place le filtre intérieur, qui est en tissu de laine ou en métal, puis on ajuste aussi parfaitement la colonne cylindrique à l'entonnoir ; on met les tringles à leur place ; le tout étant ainsi disposé, on verse la poudre de café dans le fond de cette colonne et sur le crible, sans la fouler. On place un récipient sous le bec du serpentin, pour recevoir le liquide qui va bientôt couler. Quand on a mis le café dans la colonne, on ajuste la passoire destinée à diviser l'eau en forme d'arrosoir, et on met le couvercle. — Dans un vase sur le feu, on a mis l'eau nécessaire à la quantité de tasses de liquide que l'on se propose d'obtenir, selon la quantité de café que l'on a placé dans la colonne. Lorsque l'eau sera en parfaite ébullition, on la versera doucement sur la passoire de la colonne. jusqu'à siccité. Après, on mettra le couvercle, et on n'aura plus à s'en occuper. La colonne étant beaucoup plus haute que large, la quantité de poudre de café formera une masse plus compacte que si elle était plus étendue ; l'eau bouillante, trouvant une résistance qui l'arrête quelques instants avant de couler dans le second filtre, a le temps de dissoudre tous les principes du café, aromatiques et colorants, pour les entraîner en nature dans le second filtre, en leur faisant subir un deuxième temps d'arrêt et en les divisant une seconde fois avant de les laisser frapper de froid. Quand le liquide, aromatisé et parfaitement coloré, coule du second filtre dans le serpentin, il est encore bouillant ; mais, en y arrivant, le changement de température lui fait éprouver un saisissement qui le refroidit sur-le-champ, condense en même temps les vapeurs odorantes en forme de liqueur, et, avant que le liquide ainsi aromatisé ait parcouru toute la longueur du tube formant les spirales du serpentin, il a le temps de se refroidir parfaitement pour descendre en cet état dans le récipient, sans avoir eu aucun contact avec l'air libre, et, par conséquent, aucune évaporation qui ait pu lui porter la moindre atteinte dans la perfection qu'il doit avoir.

Toutes ces opérations de perfectionnement ont lieu toutes seules dans l'appareil, par des moyens chimiques que l'homme comprend parfaitement, mais qu'il n'est guère capable d'expliquer sans déroger aux principes établis par la nature, qui, seule, en connaît tous les secrets.

Après avoir préparé ainsi ce liquide et l'avoir obtenu par les moyens pratiques que le lecteur vient de lire, et à l'aide d'un tel appareil, si le café, pris à l'état de nature, a subi tous les moyens de préparation que j'ai déjà fait connaître, si le grillage de ces mêmes cafés s'est fait d'une manière uniforme, et que l'ouvrier chargé de faire ce travail ait bien compris et saisi le point de cuisson voulu, le liquide que l'on vient d'obenir doit avoir le mérite que je lui attribue, et, par conséquent, il doit être préféré par tous les hommes qui ont reçu de la nature le don du goût et de l'odorat.

Lorsque le liquide aura fini de couler de la cafetière et du serpentin dans le récipient, on en prendra la quantité que l'on voudra ; on la fera chauffer dans un bain-marie, pour lui rendre seulement la chaleur primitive que la liqueur avait avant d'être frappée de froid ; cette chaleur produira un second effet salutaire, en développant toutes les substances nutritives et agréables de cette boisson tonique, qui fait l'objet de tant de recherches de la part des hommes de l'art et le sujet d'une si grande consommation.

Au moyen d'un second perfectionnement que je ferai subir à ce liquide en son temps et lieu, dans cet ouvrage, qui en triplera son arôme et sa saveur, sa conservation et sa couleur, les hommes pratiques dans cet art trouveront peut-être que j'ai deviné juste en étudiant cette denrée coloniale d'aussi longues années, et que, si je suis arrivé à un si haut degré de perfection dans cette partie, qui a toujours été travaillée par la routine de nos grand's-mères sans faire un pas de plus dans le progrès, ce n'a pas été sans peine et sans avoir fait de grands sacrifices de travail et de persévérance, de perte de temps et d'argent.

Aussi, j'aime à croire que les personnes qui me liront et qui voudront bien mettre mon ouvrage en pratique avec l'appareil que je viens de détailler, seront tout étonnées de la réussite de leurs travaux, et finiront par laisser de côté les anciens modes de préparation pour s'en rapporter uniquement à mon travail pratique et aux ustensiles que je leur propose pour obtenir de meilleurs résultats que ceux que l'on a obtenus jusqu'à ce jour, dans cette partie si long-temps méconnue par ceux qui s'en sont occupés sans pouvoir réussir à aucune amélioration, et afin que le public, consommateur journalier, puisse dire une seule fois : « J'ai pris du véritable et bon café à tel ou tel établissement, allons-y ! » Il est presque impossible, surtout à Paris, où il y a un tiers des établissements publics qui, pour ne pas se donner la peine d'acheter le café en nature, le choisir et le travailler eux-mêmes d'après de bons principes, pour obtenir de meilleurs liquides que ceux que l'on donne à la consommation de chaque jour, achètent les cafés grillés chez les brûleurs de la ville, des cafés inférieurs à ceux qu'il leur faudrait pour obtenir de meilleurs résultats que ceux que l'on obtient; ceux-là, au lieu de conserver leur clientèle, cherchent tous les moyens possibles pour la faire fuir, pour la faire refluer vers les établissements où les maîtres se préoccupent davantage d'avoir à cœur de donner de bonne consommation au public, puisque c'est le public qui les fait travailler et vivre.

Une personne qui se propose d'ouvrir un établissement, si elle le fait, c'est sans doute dans le but de travailler et de gagner de l'argent, puisqu'elle en dépense, soit pour les frais d'installation, le loyer, l'entretien du mobilier, du personnel et de la mise, frais sensibles et énormes, à tel point que si le chef de l'établissement n'y prend garde, les non-valeurs s'accumulent et absorbent les minces bénéfices. Dans ce cas, elle ne peut pas aller bien loin; si elle se maintient, ce n'est qu'à force de grandes privations, qui font toujours mauvais effet dans le public. Dans les départements, c'est la même chose : celui qui offre meilleur, qui donne de même, qui est le mieux à portée des abonnés, qui a la meilleure grâce pour recevoir son monde, celui-là travaille, les autres ne font que végéter en tirant le diable par la queue jusqu'à ce qu'elle se détache.

D'ordinaire, ceux qui ouvrent un café ne se préoccupent que des décors de la salle, des ornements du comptoir, glaces et dorures, divans et billards, appareils d'éclairage, tout ce qui fait de l'effet et qui est vu par l'œil du consommateur, qui entre en se dandinant et en faisant de son mieux pour se faire remarquer, parce qu'il croit que, dans un bel établissement, il y a de bonnes consommations : erreur que tout cela, erreur et doublement erreur! Comment veut-on avoir de bonnes consommations, puisqu'on n'a pas les moyens de les préparer, puisqu'on n'a pas les appareils convenables ni appropriés à cet usage, et qu'on ne peut offrir que des objets de seconde qualité. Pour ce qui regarde les liquides spiritueux que l'on reçoit en bouteilles ou en cruchons, en barils ou en futailles, ceux-là on les déguste avant de les acheter, on est à peu près sûr de ce qu'ils sont, et, en les offrant, on est assuré qu'ils seront trouvés bons ou mauvais, selon le choix que le détaillant en a fait.

Mais les liqueurs aqueuses qui se fabriquent ou se préparent dans le laboratoire de l'établissement, sont confiées au soin du fournier, qui ne peut travailler que par routine et sans données justes, obligé de tâtonner, surtout en se servant de matières premières qu'il ne connaît pas, et sans appareils susceptibles de leur donner du ton, de la force, de l'arôme, de la saveur et du goût, quand ils n'en ont pas. Ce n'est pas la cafetière à flotteur-compteur, ni les autres connues dans le commerce qui pourront obvier à cet inconvénient. Non, jamais, jamais, au grand jamais! il faut d'autres appareils que ceux-là, plus propices, plus aptes et plus sûrs, des appareils qui sont parfaitement connus de tout le monde, et qui se trouvent ignorés des cafetiers. Ensuite, la plupart des laboratoires des établissements publics ne sont que des nids de chardonnerets, tant ils sont petits; quand on y est deux, on y est toujours un de trop, au lieu d'être grands, larges, spacieux, éclairés et aérés, afin que l'on puisse y travailler librement, en voyant clair à ses affaires; mais, allez-vous me dire : quels sont les appareils qui nous manquent dans notre laboratoire? Est-ce qu'ils n'y sont pas tous? Est-ce que nous ne préparons pas du café, chaque jour, autant qu'il nous en faut, et du bon, puisque chacun se l'ingurgite sans rien dire, sans se plaindre et sans nous adresser le moindre des plus petits reproches. Oui, Messieurs les cafetiers, limonadiers et glaciers, vous pouvez faire meilleur si vous voulez suivre mes conseils; et les conseils que je veux vous donner, Messieurs! ce sont des conseils puisés à la source féconde du travail pratique et non théorique; un travail acquis par l'expérience du goût et de l'odorat; je ne viens pas ici vous proposer de faire des pas d'écoliers, je viens vous apprendre à saisir la nature sur le fait, je viens ici vous apprendre à préparer du véritable café d'amateur, de gourmet, de connaisseur et dégustateur; un liquide tonique admirable par son goût et sa qualité, et exempt de tous reproches, si vous voulez suivre les conseils que je me plais à vous donner.

Pour arriver à ce but que je vous propose, vous n'avez qu'une chose toute simple à faire, c'est de briser tous les appareils que vous avez en votre possession, qui sont impropres à ce travail, pour adopter le système dont j'ai fait usage pendant plus de vingt ans sans le faire connaître à personne, un système simple, solide, peu embarassant, qui n'est autre chose que l'appareil que je vous ai détaillé dans ce chapitre, et l'alambic, ou appareil distillatoire à col de cygne. Avec ces deux appareils, vous pourrez défier le café Moka, lui même, de retenir, dans son marc, la moindre des plus petites parties d'arôme que la nature lui a donné; il faudra que tout ce qu'il possède en bonté soit retrouvé dans la tasse du gourmet ou du consommateur.

Au chapitre de la distillation du café, vous trouverez ce moyen, qui n'est qu'un amusement d'enfant, mais qui vous dessillera les yeux sur le travail que jamais aucun cafetier n'a pratiqué pour la préparation de son café de chaque jour, et qui sera le plus grand mobile de ces établissements de luxe et d'agrément.

DU CAFÉ AU LAIT.

Si le café n'a fait aucun progrès d'amélioration, soit sur la perfection du travail dont cette fève a été l'objet, à l'effet de trouver des moyens de préparation plus appropriés à sa nature ainsi que des moyens de conservation plus sûrs que ceux qui ont toujours existé depuis son introduction en Europe, la consommation a fait des progrès immenses. Généralement, toutes les populations du globe, plus ou moins, en font usage, soit qu'elles l'aient pris ou le prennent purement à l'eau, ou coupé avec du lait ou de la crème.

Selon moi, il n'y a pas un premier déjeuner qui soit plus vite préparé, qui coûte moins cher, qui soit plus nourrissant, qui dégoûte moins le consommateur, et qui soit moins embarrassant que le café au lait. On se dégoûte vite de la soupe grasse ou maigre, de purées et de juliennes, tandis que l'estomac reçoit toujours avec plaisir le lait et le café, avec addition de sucre. L'ouvrier rustique, l'homme d'affaires et de bureau, le fainéant et le flâneur, l'homme actif et le voyageur, la dame de comptoir et l'ouvrière, l'institutrice et l'artiste dramatique, le vieillard et le jeune, le pauvre et le riche, ne sauraient commencer les travaux de la journée sans avoir savouré un grand bol de café au lait ou à la crème. Pourquoi les peuples de tous les pays ont-ils contracté cette habitude, c'est parce que le café stimule le sang en le forçant à circuler et à bouillonner dans toutes les artères ; il égaye l'esprit en rappelant la mémoire ; il rend le cerveau plus léger et l'estomac plus libre en le débarrassant des digestions laborieuses et pénibles et en le fortifiant. Le lait, comme substance grasse et nutritive, vient, à son tour, fournir le chile nécessaire à la nourriture du sang, qui, à lui seul fait notre vie et notre existence. Le sucre, comme substance grasse, nutritive et légère, étant l'ami de l'estomac de l'homme, ne faisant de mal qu'à la bourse, vient aussi aider les deux autres aliments par sa douceur, calme les irritations des organes occasionnées par des crudités, des colères domestiques, ou par un tout autre motif auquel l'homme est assujetti à chaque instant du jour.

Le matin, lorsque l'on sort du lit, bien souvent on a la tête lourde, le front embarrassé ; les yeux sont comme enflés par quelque chose de surnaturel, la vue est trouble et humide, le cerveau obstrué par des viscosités, la bouche est grasse et empâtée, répandant une odeur fétide, occasionnée par des aliments lourds et d'une digestion pénible, qui, n'ayant pu vider l'estomac pendant le sommeil agité de la nuit, s'y sont corrompus pour occasionner ce malaise du matin, en laissant croire à une maladie prochaine.

Mais aussitôt que le café au lait est dans le bol et sucré, rien qu'en approchant la tête des vapeurs qui s'élèvent verticalement, elles sont respirées par l'organe nazal, pour les distribuer dans toutes les parties du cerveau, qui se dégage comme par enchantement, en inspirant le rire à la bouche et les saillies des bons mots. Aussitôt que l'on a pris quelques cuillerées de ce liquide bienfaisant, on éprouve un soulagement à la poitrine, parce que cette liqueur chaude et aromatique a dégagé l'estomac de son trop-plein en le fortifiant par un liquide qui lui est propre et agréable, pour le maintenir dans un état de parfaite santé.

Mais pour que cela se passe ainsi, il faut primitivement bien s'assurer que le café dont vous allez vous servir soit de bonne qualité, exempt de toute espèce de falsification, que le lait ne soit pas le sujet d'un mélange clandestin et d'un tripotage inconnu au consommateur qui va l'acheter au premier endroit où il le trouve, car alors, autant cette nourriture est saine et fortifiante à l'état naturel, autant elle est nuisible à l'état de fraude et de sophistication.

Le café au lait est donc un liquide qui fait le déjeuner de toutes les familles, en général, qui leur donne la vie, la santé et l'intelligence du travail et de l'industrie, un liquide qui n'a pas son pareil quand l'un et l'autre sont de bonne qualité ; et il n'y en a pas de plus mauvais, de plus insalubre pour la santé, lorsque l'un et l'autre sont le résultat d'un trafic de mauvaise foi et de mauvaise composition ; alors il occasionne des indigestions, des pituites, des échauffements de poitrine et de bas-ventre, des constipations ou des diarrhées, des hémorrhoïdes, des maigreurs aux femmes et des pâles couleurs, des pertes blanches et des ulcères, enfin un délabrement complet que les médicaments les plus salutaires ne peuvent plus guérir ; telles sont les conséquences d'une mauvaise nourriture quotidienne, alimentée par le feu du travail et la misère que le peuple de Paris éprouve en grande partie, surtout dans le temps de la mauvaise saison et du chômage forcé; la plus grande partie des ouvrières de Paris, qui font un travail à l'aiguille, restent assises toute une journée pour gagner un modique salaire, elles sont obligées de supporter et de s'imposer de grandes privations de nourriture, pour subvenir à couvrir les frais du logement et de la toilette, qu'elles préfèrent encore à une nourriture saine et confortable; aussi, leur vie journalière, c'est du café au lait le matin, de la mauvaise charcuterie à midi, ou des fruits de la plus mauvaise espèce sans être parfaitement mûrs, des confitures qui sentent le rance, et du café au lait le soir, du café qu'elles vont chercher chez la crémière, qui n'est préparé qu'à l'aide du marc et de la chicorée, et du lait qui n'est autre chose que de l'eau blanchie avec les petites eaux des écoulements du beurre et des fromages, où l'on fait entrer des carbonates pour lui donner la densité voulue au pèse-lait des barrières de la ville.

A Paris, sitôt qu'un enfant vient au monde, sa mère nourricière n'a rien de plus pressé que de lui faire prendre du café pur ou coupé avec du lait; les enfants s'habituent facilement aux aliments ou à la nourriture que la mère les force à prendre; mais comme cette nourriture est l'objet d'un frelatage qui dépasse les bornes de la conscience et de la bonne foi du public, les enfants qui font usage de cette nourriture par l'imprudence trop aveugle des pères et des mères de famille, sont tous malingres et chétifs, à un tel point qu'aux deux époques de l'année les plus à craindre, le printemps et l'automne, il en meurt toujours la moitié avant d'être sevrés; l'autre moitié qui dépasse ce temps vit en souffrance jusqu'à une autre époque. Parmi ceux qui échappent à la mort du premier âge, si ce sont des enfants du sexe féminin, de dix à quinze ans, à l'époque où ils deviennent nubiles, une maigreur souffrante se manifeste, accompagnée des pâles couleurs; la mère dit alors : ma fille est poitrinaire, et pourtant mon mari et moi ne sommes pas atteints de cette terrible maladie; personne aussi, dans nos deux familles, n'en est mort. Le médecin, que l'on consulte dans cette circonstance, dit que c'est l'air de Paris qui lui est contraire, qu'il lui faudrait un air plus pur, plus vif ou plus doux. On commence par retirer l'enfant de la pension, parce que c'est là que la maladie a pris racine; et si elle s'est déclarée, c'est tout simple à concevoir; car si cet enfant était resté entre les mains du père et de la mère jusqu'à cet âge, il ne serait peut-être pas dans cette situation.

Je l'ai dit et je le répète encore, le café au lait est l'alimentation journalière de toutes les populations et de toutes les fractions des peuples ou classes de la société universelle, de cette société universelle, civilisée ou ignorante, savante ou imbécile, riche ou pauvre, honnête ou friponne, qui se regarde et qui s'observe, qui médit ou qui flatte chaque jour que Dieu nous donne, en savourant un bol de café au lait, qui, la plupart du temps, n'a ni arôme, ni saveur, ni goût.

FIN DE LA DEUXIÈME PARTIE.

TROISIÈME PARTIE.

CAFÉS DE PARIS.

SUBSTANCES ALIMENTAIRES NOUVELLES, COMPOSITIONS UNIQUES POUR LA PRÉPARATION DU CAFÉ, GLORIAS, GROGS A L'AMÉRICAINE, MAZAGRANS A L'EAU BOUILLANTE ET A LA GLACE.

DISTILLATION DU CAFÉ.

—

J'ai l'honneur de prévenir mes lecteurs que la troisième partie de cet ouvrage est celle qui a obligé tant d'hommes de l'art de tous les pays à la recherche de ces liquides, que je m'empresse aujourd'hui de faire connaître à tous ceux qui seront à même d'en apprécier la bonté et l'utilité dans le commerce; les préparations que nous allons faire sont le résultat de plus de quinze années de travail, de persévérance, de pertes de temps et d'argent; tous les moyens de recherches, tous les travaux imaginables à l'effet de les réussir, ont été mis en pratique, tous les sacrifices ont été faits par leurs auteurs, tous les appareils ont été essayés, l'alambic seul a été préféré, à l'aide de l'appareil condensateur que j'ai fini par créer après avoir conçu son utilité dans ces prépara-

tions qui, je l'espère, feront bientôt les délices de tous les consommateurs et l'ornement de toutes les tables. Leur préparation est des plus
faciles, ce n'est qu'un amusement, un délassement, un passe-temps
agréable, et en même temps une opération chimique; leur conservation
est inaltérable dans des flacons, même en vidange, ce que nul autre liquide, composé dans une menstrue purement aqueuse, ne peut promet-
tre. Les liquides de café que j'offre aujourd'hui à la société peuvent
s'exporter dans tous les pays indistinctement, sans craindre de les altérer, soit par le froid ni par la chaleur; ils ne fermentent jamais.

L'alambic, ou appareil distillatoire, désormais sera l'objet le plus pré-
cieux et indispensable à tout cafetier ou limonadier-glacier qui aura
à cœur de s'occuper sérieusement de son état, en donnant à sa
clientèle des objets de consommation de premier ordre et sans reproche. L'alambic est l'âme de tous les liquides; c'est lui seul, à l'aide du
feu, qui arrache forcément le principe aromatique de toutes espèces de
plantes, d'arbres, de racines, de baies ou semences, feuilles et écorces,
fleurs ou fruits. pour que l'on puisse ensuite les recueillir et conserver
dans un liquide spiritueux ou aqueux; pour en user ensuite selon notre
gré et notre volonté, soit en nature, soit employé avec d'autres liquides
pour les étendre, en modifiant leur force et leur parfum.

A l'avenir, l'alambic sera pour le cafetier ou limonadier ce qu'il a
toujours été pour le distillateur, le pharmacien et le parfumeur, et ce
qu'il est encore aujourd'hui; sans lui et son aide, nulle composition spiritueuse ou aqueuse ne peut avoir ni assez de limpidité, ni de finesse, ni
velouté, ni arôme, ni saveur, ni odeur, ni goût du fruit qui la caractérise, ou de tout autre objet dont on veut obtenir le principe subtil et
agréable. Le café est une substance extrêmement ingrate et vétilleuse à
toute espèce de travail; par la distillation purement aqueuse, il ne fournit dans le récipient aucun principe agréable qui soit susceptible d'être
employé comme boisson tonique et odorante; mais par le moyen de la
distillation spiritueuse, et ensuite à l'aide de l'appareil condensateur de
ma création, on obtient des préparations qui ne laissent rien à désirer,
tant pour leurs qualités agréables que pour la modicité de leur prix de
consommation ou de revient.

Je prie donc le lecteur de me suivre exactement dans les divers travaux que nous allons entreprendre ensemble : ils ne seront ni difficiles
ni embrouillés, puisque ce ne sera qu'une récréation pour ceux qui voudront s'en occuper, afin d'obtenir des résultats de perfectionnement dans
la préparation du café de chaque jour, qui n'ont encore pu exister
dans aucun pays du globe que par moi, et que le consommateur ba-

bitué puisse dire une fois dans sa vie : le café a fait un grand pas de plus dans le progrès.

De la distillation du café.

La distillation est une opération au moyen de laquelle on sépare, à l'aide du feu, les substances volatiles d'un corps d'avec celles qui ne le sont pas, pour recueillir et conserver les esprits aromatiques que le feu fait évaporer.

Ces opérations se font dans un appareil distillatoire qu'on nomme *alambic*, et l'on doit prendre de préférence celui qui est garni d'un bain-marie, parce que cet appareil se place très commodément, soit à feu nu, soit à feu couvert ; on peut distiller très aisément de cette manière toutes les substances volatiles qui n'ont pas besoin pour s'élever à un degré de chaleur supérieur à celui de l'eau bouillante, telles que l'eau, les fluides, les spiritueux et les plantes odorantes, les fleurs et les fruits dont on veut en retirer les huiles essentielles et les esprits aromatiques.

L'alambic se compose de la manière suivante : 1° le fourneau, 2° la chaudière, 3° le bain-marie ou cucurbite, 4° le chapiteau, 5° le bassiau, 6° le serpentin, fixé à demeure dans le bassiau. Quand on veut faire une opération distillatoire, on place d'abord la chaudière dans le fourneau, on place ensuite la cucurbite, le tout bien d'aplomb ; on remplit la grande chaudière avec de l'eau froide par le tube de cohobation, et à l'aide d'un entonnoir, on verse ce que l'on veut distiller dans la cucurbite ; ensuite on la ferme hermétiquement avec le chapiteau ou tête de mort, on ajuste ensuite le serpentin au col de cygne du chapiteau. Cela fini, on délaye un peu de farine dans une assiette, avec un peu d'eau froide, comme si l'on voulait faire de la bouillie, on trempe dans cette farine claire deux morceaux de ruban de fil, de deux à trois centimètres de large, le premier doit être assez long pour faire deux tours à la jointure du chapiteau, et l'autre de même à la jointure du col de cygne et de la douille du serpentin ; cela s'appelle *luter* les jointures de l'appareil ; il y en a qui, pour luter, se servent de bandes de papier fort ; ce n'est pas meilleur ni plus mauvais que le ruban de toile de fil, seulement le papier après l'opération ne peut plus servir, et il faut un temps infini pour le décoller du cuivre, tandis que le ruban de fil se détache facilement ; on peut le laver et s'en servir bien long-temps. Lorsque le lutage des jointures sera fini, on remplira le bassiau qui contient le serpentin avec de l'eau froide, jusqu'à ce qu'elle coule du petit tube de trop-plein placé à la partie supérieure de ce vaisseau.

Toutes ces dispositions et ces apprêts étant finis, on procède de la manière suivante ; c'est-à-dire que pour bien régulariser le travail que nous allons faire, on aura soin de placer dans un coin du laboratoire un baril de la grandeur que l'on voudra, qui puisse contenir assez d'eau froide pour que l'on ne soit pas obligé de le remplir toutes les fois qu'il sera vide ; pendant l'opération, ce baril sera placé debout et sa partie inférieure devra se trouver d'égale hauteur avec la partie supérieure du porte-serpentin ; on placera un petit robinet dans le bas de ce baril, auquel on attachera un tube ou une rigole qui conduira l'eau froide dans le petit entonnoir placé à la partie supérieure du bassiau ou porte-serpentin.

Après avoir bien choisi et lavé à l'eau bouillante deux kilos de café, dont un demi-kilo Moka, un demi-kilo Martinique fin-vert, un demi-kilo Bourbon fin-jaune ou doré, et un demi-kilo Haïti ou Cuba, on les grillera jusqu'à la couleur de cannelle ; on les laissera refroidir pour les réduire en poudre. Ce travail fini on versera ce café dans un vase de terre à ouverture étroite, on versera ensuite trois litres d'eau bien bouillante, et on fermera le vase hermétiquement ; on agitera le tout un instant et on laissera refroidir ; ensuite on versera dans le même vase quatre litres d'esprit-de-vin franc et de bon goût, esprit-de-vin du commerce à trente-trois degrés ; on rebouchera l'appareil afin qu'aucune évaporation n'ait lieu ; on agitera le mélange, et ensuite on le laissera reposer pendant quelques jours en observant de l'agiter au moins une fois chaque jour. Lorsque l'on voudra distiller, on versera le tout dans la cucurbite de l'alambic, on l'ajustera de la manière qu'il a été dit, on lutera les jointures et on allumera le feu sous la chaudière, en forçant le feu pour porter le plus promptement possible le liquide à l'ébullition ; on placera le récipient sous le bec du serpentin pour recevoir la liqueur ; aussitôt que l'ébullition sera établie, on ouvrira le robinet du baril qui contient l'eau froide, à l'effet d'en conduire un bon filet dans le petit entonnoir placé dans le bassiau du serpentin. A mesure que la distillation s'opère, la chaleur des vapeurs, en passant dans l'intérieur du serpentin pour se condenser et prendre la forme de liqueur, échaufferait l'eau, et si on n'avait pas la précaution de la refroidir à mesure que l'opération marche, les vapeurs ne trouvant plus un corps froid pour changer leur nature, sortiraient ainsi du bec du serpentin sans être condensées et se dissiperaient en pure perte à l'air libre. L'eau froide, arrivant du baril dans l'entonnoir, y trouve un tube qui plonge, le long des parois du bassiau et qui la conduit jusqu'au fond ; l'eau froide, étant plus pesante, fait remonter l'eau chaude, qui est plus légère, à la superficie du bassin, et elle s'échappe par le tube de trop-plein pour tomber dans un baquet destiné à la recevoir ou dans une rigole qui la conduit hors de l'appartement.

Au fur et à mesure que l'esprit aromatique coule du bec du serpentin dans le récipient, un bon filet ne tarde pas à s'établir par l'abondance des vapeurs que le feu force à faire élever ; l'opération marche sans que l'on ait plus besoin de s'en occuper, à l'exception du feu qu'il faut toujours entretenir jusqu'à la fin du travail; pendant l'ébullition de la liqueur, l'eau qui fait fonction de bain-marie à la cucurbite ne bout pas, mais à mesure que le travail marche et que la force du spiritueux s'affaiblit dans la cucurbite par l'élévation des vapeurs odorantes, on entend un frémissement toujours croissant dans la grande chaudière, et quand cette eau est en parfaite ébullition, on s'en aperçoit par les jets qu'elle fait du tube de cohobation de cette chaudière, que par précaution on a laissé ouvert pendant la distillation. Lorsque l'eau de la chaudière bout parfaitement, c'est un signe sûr indiquant la fin de la distillation du principe spiritueux et aromatique ; à cet effet, on enlève le récipient de dessous le bec du serpentin, et l'on s'aperçoit que l'on a retiré en produit presque la totalité de l'esprit employé ; alors on arrête le feu, on démonte l'appareil, on vide les eaux, on nettoie toutes les parties, et on les essuye parfaitement afin de les avoir toujours propres au moment de s'en servir.

Le produit de la distillation se met dans une grande bouteille que l'on a soin de bien boucher et on le tient en réserve pour en faire l'usage que l'on verra bientôt. Par ce moyen d'opérer sur cette denrée coloniale, ce que l'on ne peut obtenir à l'aide d'une menstrue purement aqueuse, la menstrue spiritueuse nous le fait obtenir en nous amusant une heure ; le marc qui reste dans la cucurbite n'a plus aucun principe odorant, ni vertu ; on le jette comme étant inutile, pour passer à d'autres travaux qui ne seront pas sans intérêt, lorsque le lecteur en aura bien compris le travail et l'utilité dans le commerce des cafés, qui, malheureusement, est resté trop long-temps sans faire le progrès que nous avons obtenu en nous y prenant de cette manière, la seule qui puisse produire les résultats si long-temps inespérés.

Nous allons donc passer à d'autres travaux de même nature, des travaux réussis par la théorie et la pratique, telles que je les démontre à l'ouvrier qui sera chargé de faire ce travail, théorie et pratique parfaitement compréhensibles à la personne la moins intelligente. Les autres travaux que nous avons encore à faire ne seront ni plus difficiles ni plus à craindre, ni plus embarrassants que ceux que nous avons déjà faits, il suffit de bien les comprendre avant de les entreprendre.

DE LA DISTILLATION DU CAFÉ EN NATURE,

POUR DOUBLE AROME.

La chimie amusante est certes une belle chose, en ce qu'elle développe les idées de l'homme qui veut se livrer à l'étude d'un objet qu'il ne connaît pas, mais qui croit qu'en le travaillant de telle ou telle autre manière, il parviendra au but de ses recherches et de ses désirs; or donc, l'alambic est bien souvent le principal organe que l'on doit saisir et comprendre avant d'en chercher un autre; lui seul est vrai, a rendu un compte exact et fidèle, surtout lorsqu'il s'agit de vouloir obtenir, par son aide, les principes constitutifs et balsamiques d'une substance aromatique odorante, pour l'assortir ensuite avec d'autres qui, par leur nature, se conviennent ensemble sans faire des associations discordantes, afin que le palais et l'odorat du consommateur soient plutôt flattés que laissés dans le doute.

Lorsque l'on aura choisi deux autres kilos de café de la même qualité que les précédents, on les mettra dans la boule ou dans un cylindre pour les griller de la manière suivante :

On allume le fourneau avec du charbon de bois; lorsque le gaz carbonique a totalement disparu, que le feu est uniforme et bien ardent, on place la broche à sa place en observant de tourner vite et toujours du même côté; le café ne tarde pas à mettre en transpiration pour se dégager de son goût de crudité et de cette odeur herbacée qui le caractérise, en répandant dans l'atmosphère de petites bouffées de fumée grise sentant l'odeur du café naturel; à ce moment, on ouvre la tirette ou la porte du cylindre, et si le café a atteint la couleur des feuilles mortes, c'est l'instant de le retirer du feu, de le verser tout chaud dans un mortier de fer ou de fonte, et de le concasser avec le pilon en fer le plus promptement possible pour ne pas le laisser refroidir, parce qu'il se racornirait presque comme il l'était auparavant, ce qui le rendrait très difficile à concasser. Avec le pilon, on le réduira en poudre comme s'il sortait du moulin.

Quand ce premier travail sera fini, on versera ce café en poudre dans la même cruche que celui de la première opération, en y faisant entrer la même quantité d'esprit de vin, c'est-à-dire quatre litres; on bouchera exactement le vaisseau, et on agitera le mélange une ou deux fois chaque jour, pendant dix ou quinze jours, pour donner le temps à l'infusion froide de bien s'établir. Ce temps expiré, on pourra procéder à la distillation, en ajoutant à cette infusion trois litres d'eau de fontaine ou de rivière; on ne doit jamais, dans aucun cas, opérer avec de l'eau de puits pour les préparations dont nous traitons; on ne doit s'en servir que pour rafraîchir les appareils au moment du travail, parce que l'eau de puits est toujours plus froide que toute autre.

On montera l'appareil distillatoire, on versera les ingrédients dans la cucurbite, on la couvrira avec le chapiteau, on ajustera le serpentin, on lutera les jointures, on placera le récipient, on allumera le feu, et on fera distiller, comme pour la première fois, en laissant couler la liqueur jusqu'au degré de chaleur de l'eau bouillante.

On mettra le produit de cette opération en réserve comme le premier; on démontera l'appareil, on jettera le résidu; on lavera toutes les pièces de l'appareil, on les essuiera comme auparavant, pour les avoir toujours propres au moment du travail, en se disposant ensuite à entreprendre d'autres travaux pour conduire le tout à bien, afin que l'ouvrier soit aussi satisfait que les consommateurs qui dégusteront bientôt les échantillons du produit de son travail.

APPAREIL CONDENSATEUR.

PRÉPARATION DU CAFÉ DE PARIS.

Dans le brûloir à boule ou dans un cylindre, on versera deux kilos de café pareil aux deux autres opérations, pour le torréfier par le procédé de Chartres, comme je l'ai détaillé ci-dessus ; lorsque la torréfaction sera finie, on mettra ce café dans le moulin pour le réduire en poudre, ensuite on versera cette poudre dans la colonne du condensateur, sur le crible, sans la fouler ; on ajustera l'appareil, on remplira le bassin d'eau froide, on lè placera à portée du baril qui contient de l'eau froide, pour en user de celui-ci, comme on l'a fait pour la distillation ; le tout étant bien disposé, on fera chauffer, jusqu'à l'ébullition, six litres d'eau, distillée si l'on veut, afin que ce soit meilleur ; quand l'eau sera en parfaite ébullition, on la versera sur la passoire du cylindre. Le café, formant sur le filtre une couche compacte, l'eau le traversera plus difficilement ; elle aura le temps de dissoudre toutes les substances agréables du café et de s'en emparer avant de descendre dans le second filtre, pour s'y diviser une seconde fois, se clarifier de nouveau, et descendre ensuite dans le refrigérant, qui condensera les vapeurs odorantes et concentrera la liqueur en la frappant de froid pour la laisser couler dans le récipient sans avoir éprouvé de contact avec l'air, et dans un état de refroidissement complet. De ces six litres d'eau, on n'en retirera que quatre de bon produit ; s'il en coulait davantage, après avoir obtenu les quatre premiers litres, on changerait de récipient ; si, au contraire, il n'en coulait pas assez, on y suppléerait en versant encore un peu d'eau bouillante sur le marc de café ; quand on aura terminé cette opération et que le marc se sera bien affaissé, on y reversera à froid les quatre litres de produit, tout doucement, pour ne pas faire remonter le marc à la superficie du liquide, lequel, étant froid, passera bien plus vite en subissant une deuxième filtration qui le rendra plus limpide ; après avoir reçu, dans le récipient, les quatre litres, comme il a été dit, on réunira ces quatre litres d'extrait de café aux quatre litres d'esprit aromatique provenant de la première distillation, on en fera un mélange exact en l'agitant ; on préparera de la même manière, et par les mêmes procédés, quatre autres litres d'extrait de café pour les mélanger ensuite au produit de la distillation du café en nature ; ce travail terminé, on laissera reposer les liquides un jour ou deux, en les agitant de temps à autre ; on préparera ensuite autant d'extrait de café, que l'on mêlera de même aux deux liquides différents, afin que le goût, la force et l'odeur de l'alcool ne se fassent plus sentir ; et si ce dernier dominait encore après lui avoir fait subir cette dernière préparation, on y ferait entrer une quantité d'extrait de ce même café, pour détruire totalement sa présence. Par les diverses préparations que nous venons de faire subir au café, soit au moyen de la distillation, ou à l'aide de l'appareil condensateur, le liquide que nous avons en bouteille renferme tous les principes agréables de cette denrée coloniale pour ne plus s'en séparer. Comme le café dépose facilement les ordures qui peuvent masquer sa transparence et sa limpidité, on aura soin de le laisser en repos pendant quelques jours avant de le soutirer pour le mettre en flacon et en faire l'usage que l'on voudra dans le commerce. Par ces divers travaux, nous avons douze litres de produit de chaque préparation de café parfaitement aromatique ; chaque litre renferme les principes agréables d'une livre de café, et nous représente la valeur de trente demi-tasses de ce liquide soumis à la consommation locale de l'établissement, en employant, pour le prendre, deux parties d'eau et une partie d'extrait de café, soit deux cuillerées à bouche de cette liqueur, et quatre cuillerées d'eau remplissant la demi-tasse que l'on sert habituellement dans les cafés ou établissements publics. Lorsque l'on voudra mettre ce café en consommation, on fera le mélange de café et d'eau et on le mettra chauffer dans le bain-marie pour le servir bien chaud ; on agira de même pour le prendre à froid ; car ce liquide, ainsi préparé, est bien plus agréable à prendre froid que chaud, en le sucrant à volonté. Ce café est d'une limpidité parfaite, d'un goût et d'un arôme exquis ; pris à l'eau froide ou à la glace, et même à l'eau de seltz, il produit un grog à l'américaine le plus savoureux et le plus aromatique que l'on puisse désirer, surtout en y faisant entrer, pour le relever, quelques gouttes de rhum, de kirsch ou de bon cognac fin et vieux.

Chaque grog à l'américaine ou demi-tasse de café, ainsi préparé, ne doit coûter, au fabricant, que cinq centimes, si on a bien opéré ; on peut employer, de la même manière, le café préparé ayant un double arôme, celui du café naturel et du café torréfié. Cette diversité de parfums combinés, offre, aux consommateurs, une véritable boisson végétale, anodine, des plus parfaites, extrêmement rafraîchissante, et qui calme la soif sur-le-champ.

Comme il ne faut pas étendre davantage le café dans une plus grande quantité d'eau que celle prescrite ci-dessus, le maître d'un établissement pourra faire usage de verres ne contenant que la quantité de six cuillerées à bouche de liquide. On peut aussi, sans inconvénient, mélanger une partie de ces cafés ainsi préparés à deux parties de café préparé par le procédé ordinaire ; ce mélange est encore un sujet de perfectionnement de cette boisson tonique. Dans les diverses préparations que nous venons de faire, l'arôme et la saveur du véritable et bon café ne peuvent pas nous échapper, ni d'une manière ni d'une autre, il faut que nous les trouvions, soit par la distillation comme par l'infusion, condensées et concentrées à l'aide de l'appareil de mon invention, qui, je l'espère, sera adopté par tous ceux qui voudront abréger le travail de main-d'œuvre et augmenter la bonté des produits. Mais si, d'un côté, l'arôme ne peut nous échapper, nous avons une grande déperdition de principe colorant en distillant notre première opération, puisque nous recevons notre liqueur à l'état de blancheur parfaite ; il convient alors de rechercher un autre principe colorant qui puisse nous venir en aide pour suppléer à cette même déperdition : ainsi, les marcs que nous avons dans l'appareil condensateur, après chaque opération, peuvent nous en fournir une bonne partie, en les faisant bouillir, après chaque opération, dans la quantité d'eau dont nous devons nous servir pour la deuxième, en y ajoutant encore une certaine quantité de caramel fin préalablement délayé dans l'esprit-de-vin, comme on en trouvera la formule à la fin de cet ouvrage.

Avant de mettre ces cafés en flacons, pour les vendre ainsi dans le commerce de gros ou de détail, de commission et d'exportation, on devra bien s'assurer de leur limpidité et de leur suffisance de couleur, afin qu'une partie de celui-ci puisse donner la couleur naturelle aux deux parties d'eau qui doivent servir à l'étendre.

Je l'ai déjà dit, le café ainsi préparé dépose facilement et promptement ; lorsque le précipité se sera formé, on pourra soutirer la partie qui sera clarifiée, et filtrer ensuite les dépôts au papier, ou par tout autre moyen qui sera trouvé bon à employer pour abréger le travail et l'évaporation des principes que l'air libre pourrait détruire après nous être donné tant de peines et de soins pour les recueillir. Ces liquides, ainsi préparés, sont d'une conservation inaltérable, même en vidange.

DE LA PRÉPARATION DU CAFÉ DULCIFIÉ

OU

SIROP DE CAFÉ CONCENTRÉ

POUR CAFÉ, GLORIAS, GROGS, CRÊMES, GELÉES, BAVAROISES, GLACES, BONBONS ET PATISSERIE.

CONSOMMATION HYGIÉNIQUE.

L'art du travail du café, depuis long-temps, a cherché tous les moyens possibles de doter la société de cette admirable composition de sucre et de café que je viens offrir aujourd'hui à la dégustation de toutes les personnes que la nature a douées d'un odorat sensible et d'un palais délicat.

Un grand nombre d'hommes de l'art de tous les pays civilisés ont fait des études approfondies sur la nature du fruit de cet arbre qui, pour la première fois, fut transporté et planté sur un coin de terre, dans les possessions françaises de l'Amérique, et qui est devenu d'un si haut intérêt pour les colonies de tous les pays et d'un agrément journalier pour toutes les populations qui, depuis cette époque, ont contracté l'habitude de prendre, à chaque instant du jour, cette boisson tonique produite par le parfum agréable de ce fruit, objet d'un si grand commerce et d'une si grande consommation.

Cette liqueur, si agréable à l'état de santé du consommateur, pour lui donner plus d'intelligence dans la pensée et le travail, en stimulant ses organes vitaux, n'en devient pas moins dangereuse lorsque ce même consommateur est à l'état de maladie, parce qu'elle agit sur lui avec trop de promptitude par ses qualités astringentes. C'est pour ces raisons que les médecins défendent l'usage de cette boisson aux personnes atteintes de la moindre indisposition.

Est-ce à tort ou à raison qu'on la supprime ? N'y a-t-il pas des personnes qui, dans leur état de maladie, continuent à faire usage du café, malgré la défense du médecin, et qui ne s'en portent pas moins bien pour cela: l'habitude est une seconde nature. Hé! combien voit-on de malades qui, à leurs derniers instants, expriment, de toute la force de leur âme, le désir de prendre une *fine tasse de café!* Si on les désoblige, ils meurent avec le regret de ne pas en avoir pris une dernière fois avant de mourir. Et qui sait ce qui serait arrivé si on avait satisfait les désirs du moribond ? Peut-être que cette liqueur, bienfaisante à l'état de santé, aurait fait diversion à l'état de maladie, en déplaçant le siége du mal pour le faire tourner à bien en donnant de l'agitation au sang, de la force dans toutes les parties du corps réduites à l'état de prostration.

La substance irritante du café, selon moi, provient de l'âcreté de cette fève, âcreté qu'elle ne contracte qu'après qu'elle a subi le travail de la torréfaction ; âcreté butireuse qui se manifeste sensiblement, qui finit par détruire toutes les substances volatiles et agréables de ce fruit pour le perdre tout-à-fait si on ne l'emploie pas tout de suite après qu'il a changé de nature ; la chimie a cherché à extraire, du café, cette même âcreté ; mais elle a toujours été impuissante, parce qu'elle n'a jamais dévié aux principes du travail usité depuis la découverte du café, tandis qu'elle ne pouvait y arriver que par les moyens inverses ou extrêmes, comme on le verra dans cette préparation. L'alcool, une fois qu'il s'est emparé d'un principe aromatique, soit par l'infusion, la macération ou la distillation, ne le quitte plus; si on lui donne de l'air, il diminuera de son degré de force ; mais il conservera le parfum dont on l'aura obligé de s'emparer. C'est d'après ce principe que je conclus que le sucre, étant aussi un corps gras, qui ne perd ni de sa force ni de sa saveur en vieillissant, à moins de l'étendre d'une trop grande quantité d'eau crue et sans addition d'esprit de vin, doit, à l'égard du principe aromatique du café, s'en emparer pour le conserver bien long-temps sans altération. Ces réflexions me firent naître l'idée qu'en faisant bouillir le sucre dans un liquide aqueux fortement concentré et saturé du principe aromatique de café, j'obtiendrais de bons résultats. La première épreuve que je fis ne produisit pas l'effet que j'attendais; il fallut recommencer une seconde épreuve, en prenant bien des notes et faisant toutes les remarques qui me seraient utiles dans mon travail, pour le mener à bonne fin si cela m'était possible. J'avais pourtant l'appréhension que tous les hommes ont toujours eu à l'égard de l'arôme du café ; j'avais peur qu'en le faisant bouillir trop long-temps dans le sucre, cette évaporation prolongée ne me fît perdre tout l'arôme et la saveur de ce fruit, en ne conservant que le principe âcre et austère ; je me mis une seconde fois à l'œuvre : je commençai d'abord par préparer un extrait de café fortement concentré, pour avoir le moins possible de liquide après l'avoir délayé avec le sucre, afin que la consistance de la cuisson du sirop pût s'établir plus promptement, et éviter, par ce procédé, une trop grande déperdition du principe aromatique que je tenais à conserver. Après que le travail fut fini, un autre obstacle se présenta dans le travail : le sucre bouillant dans l'extrait de café, ne me permettait plus de connaître ses diverses cuissons, telles que la nappe, le lissé, le grand et petit perlé, la plume, le boulé et le cassé, pour retirer la bassine du feu à l'instant du véritable point de cuisson ; le liquide bouillait de la même manière, et le degré de cuisson était toujours celui de la nappe ; cependant il se formait constamment une multitude de petites perles d'un brun or foncé du plus bel effet ; j'enlevais toujours les écumes, qui étaient fort sales et très chargées en couleur ; je craignais qu'en écumant ainsi je ne perdisse totalement le principe colorant de la liqueur et une trop grande partie d'arôme ; j'étais sur le point de renverser la bassine dans le feu, pour qu'il n'en fût plus question, et ne plus penser au sirop de café. Je laissai donc bouillir le liquide tout seul, sans plus l'écumer, et je m'occupai d'autre chose dans l'appartement, puisque je n'y comprenais plus rien ; mais je n'eus pas plutôt tourné le dos, que le liquide se mit à gonfler dans la bassine en s'étalant comme une soupe au lait. Avant que je pusse y porter remède, la presque totalité du liquide courait dans l'appartement, comme un métal incandescent qui va se précipiter dans un moule : je venais de perdre presque la totalité du sucre et du café ; le feu était totalement éteint ; une fumée abondante obstruait l'appartement, et une odeur de sucre brûlé me prenait à la gorge en me faisant tousser horriblement : je me donnais à tous les diables !

Lorsque l'on eut chassé de l'appartement la fumée qui l'obstruait, j'aperçus le sirop de café qui s'était étendu dans toutes les directions de la pièce où il avait pu trouver assez de pente pour y glisser, et ne s'était arrêté que le long des murs, en formant une couche grasse et transparente sur les briques, que j'avais fait rougir depuis deux jours seulement. Après cette déconfiture, bien méritée de ma part, une autre personne que moi aurait brisé la palette et les pinceaux, il n'en aurait plus été question, et le café dulcifié n'aurait jamais vu le jour ; quoique

je vinsse de faire une perte assez sensible, en sucre et en café, d'au
moins dix litres de ce liquide, qui me coûtaient au moins trente francs,
je ne me tins pas pour battu ; je voulus persévérer, persuadé que j'étais
qu'il fallait que j'arrivasse à franc étrier à cette composition que tant
d'autres avant moi ont abandonnée après avoir fait les mêmes sacrifices sans pouvoir arriver au but de leurs désirs.

Le sirop qui restait dans le fond de la bassine était gélatineux ; sa couleur était transparente, mais pas assez foncée pour pouvoir la commu-
quer à un liquide étendu d'eau ; son goût et le parfum du café
étaient d'une finesse et d'un velouté admirables ; mais ils laissaient,
sur le bout de la langue et sur les lèvres, une saveur herbacée désagréable, ayant le goût de café cru ; impossible à moi de connaître ni pré-
ciser d'où elle pouvait provenir. Les écumes que j'avais enlevées avec
l'écumoire, après s'être égouttées de la passoire où je les avais placées,
me fournirent, plus particulièrement, l'espoir d'une réussite prochaine
dans les recherches que je poursuivais.

Je pris quelque peu de cette écume solidifiée avec la pointe du couteau,
je l'approchai du nez pour la sentir : j'avais deviné juste, car son odeur
était insupportable Je voulus la déguster après l'avoir sentie : son goût
était encore bien plus désagréable que son odeur ; je pensai alors
qu'en écumant davantage, je parviendrais à extraire cette saveur
âcre, qui n'est autre chose que le beurre du café, qui nuit, d'une manière si funeste, à sa propre conservation, et qui occasionne des désagréments à ceux qui en font usage. Le désir d'épurer entièrement ce liquide, de pouvoir le conserver ensuite indéfiniment, d'en rendre la consommation hygiénique et accessible à toutes les personnes, indisposées
ou malades, n'importe l'âge, ni le sexe, ni le genre de maladie, me donna
du courage et de la réflexion pour arriver, une fois pour toutes, à un
résultat si long-temps attendu. Toutefois je voulus faire reposer
quelques jours le sirop que j'avais pu conserver dans la bassine, pour
mieux connaître le travail que j'avais à suivre à la prochaine expérience que je me proposais de tenter dans toutes les règles de l'art,
et si je n'obtenais pas les résultats que j'en attendais, il serait alors impossible d'obtenir, du café, rien autre chose de meilleur que ce qui s'é-
tait fait jusqu'à ce jour. Nous étions alors en octobre 1847, un an
après la publication de ma brochure critique intitulée : *Le Café perfectionné*, avril 1846.

Le café que j'avais conservé dans la bassine était trop cuit ; je fus
obligé de le décuire avec de bon extrait de café que j'avais préparé pour
le réduire à 35 degrés du pèse-sirop à froid. Quelques jours après, je

voulus m'assurer de ce que ce liquide avait fait, s'il avait gagné ou perdu ;
la fermentation vineuse ne s'était pas encore établie, mais la fermentation intestine était à son comble ; la saveur âcre était bien prononcée :
elle empâtait la langue et le palais d'une manière étonnante. Je m'ima-
ginai alors que le café dont je m'étais servi était de mauvaise qualité,
ou qu'il avait été l'objet d'une avarie en mer, ou conservé dans des magasins, entouré par des matières incompatibles, telles que les essences,
les savons, les huiles et salaisons, les fromages, les peintures et gou-
drons, les oranges et citrons. Tout ce qui a une odeur forte, qui tend à
devenir rance, est dangereux au contact de cette denrée coloniale ; bien
qu'elle soit dure et racornie, le voisinage de tous ces comestibles lui
porte un tort considérable dans son arôme, dans sa saveur, son goût
et sa conservation.

CAFÉ DULCIFIÉ DE PARIS.

CONSOMMATION HYGIÉNIQUE.

CONSERVATION INALTÉRABLE MÊME EN VIDANGE.

Première opération.

Je prie le lecteur de bien me suivre dans ce chapitre, qui est le plus
important de mon ouvrage, et qui, je l'espère, fera époque dans l'art
culinaire et l'économie domestique. Tous ceux qui voudront préparer
cet immortel liquide le pourront, s'ils comprennent bien le travail que
je vais leur tracer, travail pratique connu de moi seul dans l'univers,
puisque c'est moi seul qui ai pu le créer après tous les sacrifices que
je me suis imposés, y compris la persévérance et la perte d'un temps
que j'aurais bien pu consacrer à d'autres occupations peut-être plus lu-

cratives que celles de cet ouvrage ne pourront jamais l'être. Si chacun était raisonnable, le faible coût de ce livre, tout en le publiant dans l'intérêt de tous, me donnerait une aisance honorable dans le court espace de temps qui me reste à vivre.

Après avoir fait choix de deux kilos de café, dont un demi-kilo Moka, trié, mondé et lavé, 750 grammes Martinique, fin vert, un demi-kilo Bourbon, fin jaune, et 250 grammes café Saint-Domingue, également triés, mondés et lavés, on mettra ces cafés dans le brûloir à boule ou dans un cylindre pour les griller tous ensemble avec un chauffage de charbon de bois ; on grillera ces deux kilos de café par le procédé de Chartres ; lorsque ce travail sera fini et que le café sera bien refroidi, on le réduira en poudre dans un moulin qui débite vite, pour ne pas perdre de temps ; on réduira alors 60 grammes de baume de tolu en poudre fine que l'on incorporera dans le café, en en faisant un mélange exact ; on versera ensuite le café dans le filtre de l'appareil condensateur que j'ai déjà fait connaître, on remplira un seau d'eau bien froide, et on le placera près du baril rempli d'eau froide, pour faire rafraîchir lorsque le liquide coulera ; dans un vaisseau sur le feu on mettra six litres d'eau déjà colorée par un bon marc de café, mais préparé du jour ; quand cette eau sera en parfaite ébullition, on la laissera bouillir environ cinq minutes à gros bouillons et à vase découvert, afin que l'eau puisse bien se dégager de son goût de terre et de crudité ; si l'on peut se servir d'eau distillée, cela n'en vaudra que mieux ; si l'on ne peut pas se procurer de l'eau de marc, l'on s'en passera ; mais, autant que possible, il faut chercher à donner de la couleur à l'extrait que nous allons bientôt obtenir, car nous aurons une grande déperdition de principe colorant par la suite.

Lorsque l'eau aura bouilli les cinq minutes, on découvrira le filtre et on la versera sur la passoire, que l'on refermera ensuite, et on laissera l'appareil marcher tout seul ; quand la liqueur commencera à couler du serpentin dans le récipient, on ouvrira le robinet du baril pour laisser venir l'eau froide dans l'entonnoir du serpentin ; lorsque l'on aura obtenu trois litres et demi ou quatre litres, au plus, d'extrait de café, on changera le récipient et on laissera couler le reste jusqu'à siccité ; le café ne coulant plus, on reversera le premier produit dans le filtre pour le passer une seconde fois à froid et le clarifier de nouveau ; après ce travail, on prendra un entonnoir en verre assez grand, dans le fond duquel on aura placé un bon morceau de coton cardé et humide que l'on foulera, afin que le liquide puisse le traverser difficilement, ou bien l'on pourra se servir d'un filtre en papier ; mais un papier qui ne puisse communiquer aucun mauvais goût à la liqueur ; on fera filtrer ainsi un litre de cet extrait seulement, en tenant l'entonnoir fermé. Quand le litre de filtrage sera obtenu, on s'arrêtera pour passer à la seconde préparation.

Deuxième opération.

Dans une bassine placée sur le feu, on jettera un kilo et demi de sucre en pain parfaitement raffiné, cassé en petits morceaux, avec un demi-litre d'eau froide dans laquelle on aura fait tomber un blanc d'œuf ; on remuera le tout avec l'écumoire pour bien diviser le blanc d'œuf et faciliter la fonte du sucre ; lorsque le sucre voudra s'élever, on jettera quelques gouttes d'eau froide par dessus pour faire tomber les bouillons et enlever les écumes qui se forment à la surface du liquide ; on versera ces écumes grasses dans une passoire placée sur un bol, pour les faire égoutter ; lorsque les écumes seront entièrement enlevées et égouttées, on versera le contenu du bol dans la bassine, et alors on laissera cuire le sucre parfaitement clarifié jusqu'à la fin : on n'aura pas besoin de s'occuper du degré de cuisson. Lorsque le sucre bouillant sera cuit au cassé, on le retirera du feu : ce point est facile à connaître, parce que les bouillons, en se formant en grosses boules, cassent ; à cet instant, on y enfonce une spatule et on remue vite le sucre pour l'empêcher de passer à l'état de caramel, car, si l'on arrivait à ce point, l'opération serait manquée ; en agitant vite, le sucre, s'il est cuit au point voulu, se mettra en sable ou en poudre sèche et aussi blanche qu'il était avant d'aller au feu ; s'il n'est pas arrivé à ce point de cuisson, en le remuant avec la spatule, on l'empêchera de candir ; car si on le laissait cristalliser, il serait très difficile à fondre ensuite avec le café, il faudrait le remettre sur le feu, et c'est ce qu'il faut éviter. Ce travail fini et le sucre parfaitement refroidi, on y fera entrer doucement en remuant avec l'écumoire, le litre de café que l'on a préalablement filtré ; lorsque le tout sera bien mélangé et le sucre fondu, ce liquide, à froid, devra marquer 27 ou 28 degrés au pèse-sirop, et la quantité devra être un litre et demi, on mettra le tout dans une bouteille, on la bouchera exactement, et on se disposera aussitôt à passer à la troisième opération.

Troisième opération.

On se servira d'une bassine doublement grande, de la contenance du liquide que nous allons mettre en ébullition. D'abord, on commencera par casser en morceaux trois kilos du même sucre dont nous nous sommes servis pour l'opération précédente, on les jettera dans la bassine ; ensuite on y versera deux litres de ce café que nous avons en réserve, et après on y fera tomber un blanc d'œuf pour la clarification ; on remuera le tout avec l'écumoire pour diviser le blanc d'œuf et faciliter la fonte du sucre ; à sa main droite on placera un vase rempli d'eau propre, et à côté, un bol surmonté d'une passoire pour recevoir les écumes du liquide bouillant ; on accrochera quelque part un linge propre pour s'en servir au besoin : toutes ces dispositions étant prises, on placera la bassine sur le feu pour chauffer le liquide et le porter à l'ébullition ; le reste de café qui n'a pas été employé, on le tiendra en main pour en faire usage à l'instant du gonflement du sirop, qui ne tardera pas à s'effectuer ; avant de laisser le liquide en repos, on devra bien s'assurer que le sucre, dans la bassine, est entièrement fondu ; car, sans cela, les morceaux qui ne seraient pas fondus remonteraient, avec les écumes, à la surface du liquide, et on les enlèverait avec l'écumoire, puis on les jetterait dans les crasses en pure perte.

Aussitôt que le gonflement s'établira, on jettera dessus une bonne partie du café que l'on a en réserve, pour apaiser les bouillons et enlever les écumes. Si le liquide, en reprenant l'ébullition, se mettait encore à gonfler, on verserait du café dessus : dans le cas contraire, on n'en versera pas ; on enlèvera toujours les écumes avec l'écumoire et, chaque fois, on la lavera dans le vase qui contient de l'eau à portée de soi, comme je l'ai fait observer dans le principe. Cette opération est la plus longue, et celle qu'il ne faut pas perdre un seul instant de vue sans courir le risque de tout perdre.

J'ai déjà dit aussi que par l'ébullition du café et du sucre, il était impossible de connaître les divers degrés de cuisson du sucre, comme cela a lieu lorsque l'on travaille un sirop simple ; quant à celui-ci, il a fallu faire d'autres études et d'autres remarques pour reconnaître l'instant favorable pour le retirer du feu ; après les premières écumes enlevées du liquide bouillant, habituellement il bout environ une heure sans remonter du fond de la bassine pour se précipiter hors du vase, si on n'était pas là pour l'en empêcher.

A cet effet, on prendra dix-huit haricots, ou petits cailloux, ou toute autre chose détachée qui puisse former ce compte, sans être obligé de compter par la pensée ; car de cette manière on se trompe toujours, soit par la distraction ou la présence de quelqu'un, qui pourrait vous faire oublier le compte que vous avez déjà remarqué et celui que vous avez encore à obtenir.

5

A mesure que l'ébullition marche toujours sans s'arrêter, les vapeurs qui s'élèvent finissent par épuiser l'eau contenue dans le sucre, celui-ci épaissit davantage à mesure que cette même évaporation a lieu, et, lorsque l'eau a presque totalement disparu du sucre, celui-ci remonte avec force par un gonflement vif et rapide; à cet instant, si on n'était pas là pour le retenir dans la bassine, il sortirait tout-à-fait pour courir dans l'appartement, comme je l'ai déjà fait remarquer; à cet effet, on tient toujours l'écumoire en main et du café près de soi; si, dans tous les cas, on était obligé de s'en servir, ce qui ne doit jamais avoir lieu qu'à la dernière extrémité; dans tous les cas, il vaudrait mieux jeter sur les bouillons quelques gouttes de café froid pour les faire redescendre, que, dans le trouble, vouloir chercher à retirer la bassine du feu; ce procédé est le plus à craindre, la précipitation du liquide du fond à la superficie est instantanée, comme on le verra en faisant le travail. Après avoir toujours enlevé les écumes à mesure qu'elles se forment, l'instant du gonflement finit par s'établir; il faut y veiller: lorsqu'il a lieu, on enfonce l'écumoire jusqu'au fond de la bassine, et, par un tour de main hardi, on la retourne, en la ramenant à la surface du liquide, pleine de sirop; ou la retire tout-à-fait en dehors, et, en la renversant, on laisse tomber le sirop sur les bouillons, en évaporant promptement pour forcer les bouillons de redescendre dans le fond; quand on y est parvenu, on enlève les écumes, et on ôte un haricot ou caillou du compte primitif: le gonflement recommence sur-le-champ; ou répète le même travail en opérant vite, et en observant toujours de ne vouloir faire descendre le sucre dans le fond de la bassine, qu'après qu'il a atteint la partie supérieure de ce vaisseau, et au moment où il va se répandre. On répétera ce travail jusqu'à ce que l'on ait épuisé les marques que l'on a prises pour ne pas se tromper, qui sont au nombre de *dix-huit*. Quand on y est arrivé, et cela ne se fait pas attendre, on retire la bassine du feu pour la laisser refroidir; si l'on se sert d'une bassine en cuivre imparfaitement étamée, il faudra transvaser sur-le-champ dans un vase de terre vernissée à large ouverture; car, si on laissait refroidir le sucre dans le cuivre, le sucre, comme corps gras et à l'aide du mucilage et du tannin du café, ferait former de l'oxyde de cuivre; or, chacun sait que c'est un poison. A mesure que le liquide refroidit, on écume encore s'il y a lieu; lorsque le tout est froid, on opère de la manière suivante:

On verse doucement le sirop de la première opération dans celui-ci, en aidant le mélange à se faire avec l'écumoire. Lorsque tout est bien

incorporé, on y plonge le pèse-sirop, qui doit marquer 36 à 37 degrés ;
à cet effet, on prend une bouteille de la contenance d'un demi-litre, on
la remplit du café provenant de la distillation, soit pour vouloir donner
le double arôme ou l'arôme seul du café torréfié ; on laisse le pèse-sirop, et en versant et facilitant le mélange avec l'écumoire, on s'arrête
lorsque l'instrument ne marque plus que 35 degrés et même 34, mais
pas moins. Ce café, ainsi préparé, a toutes les propriétés du véritable
et bon café ; sa conservation est indéfinie, on peut le transporter partout où l'on veut, on le trouve toujours prêt et sucré. On peut le faire
prendre à tous les malades, sans distinction d'âge ni de maladie. Sa
consommation est hygiénique, car, d'après les travaux et les épurations
que nous lui avons fait subir, il n'est plus permis d'en douter.

Après que tous les travaux seront finis, on versera le café dulcifié
dans une grosse bouteille, de la contenance de cinq litres, que l'on doit
avoir en totalité si on a bien opéré ; on bouche exactement la bouteille pour ne mettre ce liquide en flacon que huit à dix jours après sa
préparation , afin de lui donner le temps de bien se combiner, et que
les parfums des diverses préparations soient bien identifiés ensemble
pour ne former plus qu'une seule et même nature.

Lorsque l'on voudra déguster ce sirop de café, on en versera deux
cuillerées à bouche au fond de la tasse et on achèvera de la remplir d'eau bien bouillante : alors le café sera prêt ; on pourra faire
usage de boissons spiritueuses, telles que cognac, rhum et kirsch,
comme pour le café ordinaire. Ce café, pris à froid, est très agréable ;
mais l'eau froide le trouble et le rend désagréable à l'œil ; à l'eau bouillante, ce désagrément n'a pas lieu, il reste très clair et limpide. Lorsque
l'on voudra le mettre en flacons , je fais observer qu'il ne faut pas
se servir de flacons ayant un épaulement fort prononcé, car la cuite
prolongée que nous lui avons fait subir a donné lieu à une très
grande formation du mucilage dans cette liqueur qui, en remplissant
les flacons, se réduit en mousse abondante , et, en passant sous l'épaulement du flacon, s'y arrête et s'y fixe pour long-temps ; pour la faire
disparaître, on serait obligé de tenir les flacons sur le bouchon. Quand
on remplira les flacons, il faudra ne laisser qu'une très petite distance
du bouchon au liquide, car l'agitation du transport déterminerait la formation d'une telle quantité de mousse, désagréable à l'œil seulement,
que les personnes qui ne connaîtraient pas d'où cela provient pourraient croire à une fermentation vineuse, chose impossible dans la
composition de cette boisson tonique.

Nul autre procédé, nul autre moyen de préparation du sirop de café, n'est praticable; je préviens ceux qui voudraient l'obtenir en dérogeant aux principes établis dans ce livre, qu'ils n'arriveront qu'à la perte totale des matières premières, et à la perte de leur temps et de leur argent; comme à ceux aussi qui voudraient arriver à préparer le café dulcifié à l'aide des extraits de café plus concentrés que ceux dont je me sers pour vouloir abréger l'ébullition prolongée que je fais subir à la troisième opération de mon travail; à ceux-là je leur dis encore qu'ils feraient une très grande sottise, parce que le café n'aurait pas le temps de se débarrasser entièrement de cette saveur butireuse qui fait son principal désagrément en même temps que sa décomposition; le premier sirop que l'on fait pour suppléer à la perdition de l'arôme et de la couleur que l'on perd forcément par l'ébullition prolongée, serait trop chargé de principes âcres, empyreumatiques, irritants, parce que cette portion de café étant trop épaisse, ne pourrait passer soit à l'entonnoir préparé avec le coton ou avec le filtre en papier, que très difficilement, et il ne serait jamais parfaitement épuré, la saveur butireuse dominerait trop dans le liquide, qui ne pourrait se conserver sans se perdre tout-à-fait, et cette consommation, objet de tant d'études et de recherches de ma part, au lieu d'être une préparation nutritive, bienfaisante, agréable et *hygiénique*, ne serait plus qu'une boisson âcre et amère, empyreumatique, irritante, comme le sont les essences de café mal préparées que l'on trouve dans le commerce.

J'aurais voulu parler plus longuement de la préparation des essences de café; mais je me résume, en laissant à d'autres bien plus connaisseurs en cette matière que moi, et au public, l'appréciation de la bonté de ces liquides, qui sont destinés, à chaque instant du jour, à être l'objet de conversations plus ou moins flatteuses, selon leur mérite et leur utilité dans le commerce et la consommation.

Préparation du Caramel.

Lorsqu'on voudra préparer du caramel fin, pour foncer davantage la couleur des liquides que nous venons de produire avec tant de soin, on fera fondre un petit morceau de beurre frais, gros comme une aveline, dans le vase dont on voudra se servir; quand le beurre sera fondu, on le fera courir dans le fond du vaisseau et aux parois pour les graisser;

ensuite on jettera des morceaux de sucre en pain, selon la quantité de caramel que l'on voudra préparer ; on arrosera le sucre avec un peu d'eau pour le faire fondre plus vite, et on laissera réduire l'eau ; lorsque le sucre sentira l'odeur de brûlé, on le tournera vite avec une spatule, pour l'empêcher de brûler ; ensuite on y versera un peu d'eau bouillante pour l'étendre et le laisser bouillir de nouveau, jusqu'à ce que l'eau se soit entièrement évaporée ; le caramel alors prendra une teinte d'un rouge brun foncé ; on le retirera du feu et on le versera dans un flacon contenant du café préparé par la distillation et terminé ; le peu d'alcool qui se trouvera dans le liquide fera vite figer le beurre, et si le café n'est pas assez alcoolique, on pourra en faire entrer quelques gouttes, sans craindre de nuire ni à l'un ni à l'autre. Sitôt que le beurre aura pris sa première consistance, on filtrera cette liqueur au papier, pour en faire ensuite l'usage que l'on voudra, en observant de ne jamais faire dominer, dans les divers cafés, la présence du caramel.

Du Punch Giraud.

Puisque nous sommes en bonne voie de donner des procédés ou des recettes, et que je vois écrit sur tous les cafés de la capitale : *Punch à la romaine, sirop de punch,* chaud à toute heure, je vais donner la recette du mien, que j'ai fait prendre dans le temps que j'étais limonadier dans une ville de province ; il était très estimé, parce qu'il était véritablement bon et agréable.

On commence d'abord par se procurer une once ou 30 grammes de bonne essence de citron, que l'on fait dissoudre dans un flacon de demi-litre d'esprit-de-vin du commerce, mais rectifié, et on conserve ce flacon bien bouché, pour s'en servir au besoin.

Ensuite, on prend un vase, ou une terrine, ou un grand bol, dans lequel on verse un litre de bonne eau-de-vie vieille du Languedoc ou de Cognac ; on jette dans cette eau-de-vie deux clous de girofle, un morceau de macis des Bermudes, un morceau de canelle de Ceylan, un morceau d'écorce de curaçao ; on pèse 750 grammes de sucre en pain, que l'on place ensuite sur le vase qui contient déjà l'eau-de-vie et les ingrédients aromatiques, surmonté par une paire de pincettes ou deux baguettes en fer bien propres ; on arrose le sucre avec la liqueur que l'on a dans le vaisseau ; on y met le feu, en observant toujours d'arroser jusqu'à ce que le sucre, d'un seul morceau, soit entièrement fondu ; on enlève les pincettes, et l'on fait toujours évaporer avec la cuillère à punch, jusqu'à ce que la l queur n'ait plus de gaz inflammable. Si l'on veut servir le punch à l'instant, on se hâte d'y faire entrer deux décilitres de bon rhum et une infusion de thé, aromatisée à la fleur d'orange ; on passe le liquide dans un filtre métallique pour en retirer les aromates qui sont sans vertu ; on remplit les verres de chaque convive, et dans chacun d'eux on verse quelques gouttes de l'esprit de citron que l'on a en réserve ; on sert le plus chaudement possible ; si la préparation de ce punch était destinée à être mise en bouteille pour le conserver et en faire usage plus tard, on n'y ferait entrer l'infusion de thé qu'à l'instant de le servir. On peut relever la couleur de ce punch par l'addition de quelques gouttes de bon café, distillé double ou simple arôme. Toutes les substances aromatiques qui font le composé de cette recette s'accordent parfaitement entre elles et forment un punch des plus agréables ; c'est une véritable liqueur chaude végétale anodine, qui produit les meilleurs effets salutaires sur les organes des consommateurs.

Considérations théoriques du travail pratique et chimique sur la préparation du café.

En général, si le café n'a pas toute la bonté désirable, à qui en est la faute ? C'est au café lui-même, qui ne vaut rien ; c'est la faute des appareils dont on se sert, ou de la personne qui en fait le travail, la préparation ou la surveillance ; c'est au feu de flamme ou de braise, c'est à l'eau pure ou distillée, c'est à un seul de ces agents ou à tous qu'il faut s'en prendre ; le vice pourtant existe, il faut savoir d'où il vient ou provient, et tâcher de le détruire afin de ne plus avoir des cafés préparés sentant le goût de fumée, de graillon, de crudité ou de trop cuit, d'une saveur fade et âcre à la bouche et au palais, qui masquent son véritable arôme, sa saveur agréable et son parfum le plus subtil.

D'abord, si le café dont on se sert n'est pas d'un bon choix et qu'il soit imprégné des émanations de quelque corps environnant ayant une odeur forte et rance, ce sera déjà un grand vice, difficile à corriger malgré toute la perfection des appareils ; ensuite l'eau que l'on emploie à cette préparation, si elle n'a pas été distillée primitivement ou qu'elle n'ait pas bouilli au moins cinq minutes avant de la verser sur la poudre du café, pour dissoudre les substances volatiles et s'en emparer, et ensuite les appareils dont on se sert pour recueillir et conserver toutes ces mêmes substances à l'état naturel franc et de bon goût, afin que l'infusion ou la décoction soit plutôt une liqueur agréable au goût qu'un breuvage fade et rebutant les organes du consommateur ; toutes ces imperfections que je viens de signaler porteront un préjudice notable à cette liqueur, la plus ingrate, la plus vétilleuse au travail et la plus difficile à obtenir sans reproche.

Primitivement, il faut s'assurer que le café que l'on veut travailler soit de bonne qualité, sans arrière-goût ni odeur, le laver à l'eau bouillante avant de s'en servir ; ensuite il faut un bon brûloir, soit à boule ou cylindrique ; pour que ce brûloir soit parfait, il faut faire pratiquer plusieurs trous ronds dans la forme de ceux d'une passoire, sur la porte ou la tirette de cet appareil, afin que la fumée humide que le café rend à l'aide du feu puisse s'échapper librement, au lieu de circuler dans la masse du café pour n'en sortir que difficilement par les jointures de cet appareil ; moins la fumée s'évaporera, plus le travail sera vicieux et mauvais.

Il faut nettoyer souvent ce brûloir intérieurement , surtout lorsqu'on grille le café par le procédé de Chartres, car le sucre que l'on emploie forme une croûte épaisse sur la tôle, qui, en vieillissant quelques jours dans un lieu bas et humide, porte un coup terrible au café que l'on grille dans cet état. Quand on veut le nettoyer, on le place sur le feu ardent, et au lieu de le remplir de grains de café, on le remplit de petits cailloux à aspérités et non lisses ; on fait rouler quelques instants, jusqu'à ce que la tôle soit dégagée de la crasse que le café avait déposée par le travail et la fumée, ainsi que le sucre.

Troisièmement, une fois que le liquide sera préparé, si on ne s'est pas servi de l'appareil condensateur de mon invention, qui refroidit le liquide instantanément, je préviens que le refroidissement sensible de cette liqueur dans le vase où elle a été préparée, à couvercle plat, luté avec du linge surtout, est tout ce qu'il y a de plus mauvais ; les vapeurs humides font détacher du linge une forte odeur de savon ou de lessive désagréable ; ensuite, ces vapeurs n'ayant aucune issue pour sortir du vaisseau, se fixent sous la voûte du couvercle ; là, elles prennent la forme de liqueur, et lorsque les gouttes sont formées, elles retombent par leur propre poids dans le liquide préparé, pour lui communiquer un goût de graillon et de fumée. Le même inconvénient a lieu en faisant réchauffer cette liqueur dans les topettes du bain-marie. Il est très urgent que les couvercles des topettes soient établis de forme conique et percés à leur partie supérieure de plusieurs trous d'épingles, pour donner issue aux vapeurs aqueuses, qui, ainsi que je l'ai déjà dit, n'ont d'autre mérite que de sentir une forte odeur de fumée en refroidissant, pour en frapper la masse entière de la liqueur.

Ainsi, de cette manière ou d'une autre, tous les appareils ou toutes les cafetières que l'on a pu inventer jusqu'à ce jour sont tous construits d'après les mêmes systèmes et pour arriver au même résultat, qui est celui d'obtenir le café chaud, pour le laisser refroidir sensiblement et le faire réchauffer ensuite dans d'autres vases, dont le système est encore vicieux. Toutes ces épreuves tendant à dénaturer plutôt qu'à perfectionner la liqueur qui y est soumise, il faut en conclure alors que toutes ces inventions n'ont eu d'autre but que de faire dépenser de l'argent inutilement à toutes les personnes qui ont cru bien faire en les achetant.

Il sera très facile de se rendre compte soi-même en préparant du café par le système simplifié de la cafetière parisienne à condensateur ; ce ne sera qu'alors que l'on pourra dire, avec juste raison : J'ai essayé de tel et tel autre appareil pour la préparation de mon café de chaque jour. Celui qui fonctionne de telle manière, et qui porte tel nom, est celui, parmi tous les autres, que je choisis pour mon usage journalier ; les autres, on peut les briser et les mettre à la ferraille, qu'il n'en soit plus question.

Le lecteur comprendra facilement que si je rapporte les choses ainsi, ce n'a été que d'après de longues études sur la manipulation de cette denrée coloniale, aidé par des appareils plus convenables et plus appropriés au travail du café, aidé aussi par un odorat sensible et un palais délicat, qui m'ont permis de juger d'une manière plus approfondie tous les systèmes et moyens de préparation mis en usage dans le commerce de cette industrie, qui tend toujours à s'augmenter plutôt qu'à diminuer ; considérant, en outre, que la consommation de cette boisson tonique est la seule qui procure de l'agrément et de la distraction aux personnes qui en font usage par goût ou par raison de santé, il est alors convenable, sous tous les rapports, de chercher les moyens de préparation les plus simples et les meilleurs pour en populariser davantage l'usage et la consommation dans tous les pays.

Il fallait un appareil simple et chimique tout à la fois, expéditif, refroidissant la liqueur à mesure qu'elle se produit parfaitement aromatique, sans être imprégnée de cet arrière-goût de vapeurs aqueuses, fades au palais par leur saveur empyreumatique ; d'après toutes ces considérations, justes et positives, j'engage tous les propriétaires d'établissements publics de supprimer tous les couvercles plats de leurs topettes et autres ustensiles de laboratoires destinés à conserver des boissons ou infusions chaudes pour les servir ainsi au public, par des couvercles coniques ou en pain de sucre, percés à leur extrémité supérieure de plusieurs trous d'épingle, pour laisser un passage libre aux vapeurs qui s'élèvent verticalement à mesure que le degré de chaleur augmente dans le vaisseau ; ce changement n'est ni dispendieux, ni défectueux ; ce n'est qu'une amélioration et un perfectionnement apportés à son commerce et à sa propre industrie.

RÉSUMÉ.

Le livre que je viens d'écrire pour le bien de tous, selon les faibles connaissances que j'ai, a, comme l'enfant qui vient de naître, jeté son premier cri ; désormais ce n'est pas à la nature qu'il appartient, mais bien aux hommes, qui vont le mettre en pratique, à ceux qui voudront travailler les denrées coloniales d'après mes conseils, résultat d'un travail pratique exercé depuis un grand nombre d'années, pour doter la société des procédés que l'art culinaire et l'économie domestique de tous les pays ne connaissaient pas encore, et que le commerce et l'industrie de toutes les populations feront connaître à ceux qui ignorent l'existence de ces compositions nouvelles qui, à l'avenir, feront le sujet de quelques conversations et l'ornement de toutes les tables. Je crois ce livre intelligible et compréhensible pour les hommes pratiques et non pratiques qui voudront m'imiter ; d'ailleurs, j'ai fait tout mon possible en répétant souvent les divers passages des travaux les plus difficiles qui auraient pu arrêter l'ouvrier dans la marche de ces préparations ; mes observations sont justes et positives, l'ouvrier ne devra pas s'en écarter sans courir le risque de perdre son temps et son argent.

L'ouvrage que j'ai publié en 1846, n'était nullement pareil à celui-ci, car ce que je publie aujourd'hui je ne le connaissais pas encore à cette époque ; ce ne fut qu'un an après, en 1847, que je pus parvenir à la réussite du problème posé à l'étude et à la recherche des hommes de l'art, qui avaient fini par désespérer de pouvoir produire les liquides que j'offre aujourd'hui dans toute leur perfection.

J'ai déjà dit quelque part et je le répète ici, que le café est la substance alimentaire la plus difficile et la plus vétilleuse au travail, pour sa réussite et sa conservation. Lorsqu'on l'entreprend, il ne faut pas le laisser reposer sans avoir terminé le travail que l'on a entrepris, si l'on ne veut pas en encourir le désagrément de tout gâter ; une fois que le café a changé de nature par le moyen de la torréfaction, il faut l'utiliser sur-le-champ ou au plus tard dans la journée ; passé ce délai, la fermentation intestine, butireuse, se manifeste sensiblement et progressivement, et à un tel point, que lorsqu'on veut s'en servir pour en obtenir quelque chose de délicat et l'offrir ensuite comme boisson intellectuelle très agréable, on est tout étonné de ne plus rencontrer que de l'amertume et de l'âcreté empyreumatique irritante qui agite d'une manière funeste le consommateur.

En 1847, à force de recherches, je parvint à composer le *café dulcifié*, épuré de l'âcreté irritante, comme je l'ai démontré dans le procédé décrit ci-dessus ; je fis tous mes efforts pour le propager et le faire connaître dans les grands hôtels de la capitale, chez des confiseurs et pâtissiers ; tous ceux qui en firent usage eurent lieu d'en être satisfaits, et tous ceux qui aimaient à produire de bonnes compositions dans leur laboratoire m'en redemandaient ; bientôt ce fut le tour des maisons bourgeoises, pour les soirées et les noces, enfin partout où je pouvais m'introduire pour en offrir ; de cette manière, plus de quinze cents flacons furent placés dans le cours de cette année.

En 1848, la révolution de février surgit, il ne me fut plus possible de m'occuper sérieusement de la vente de mes produits ; en 1849, je soumis le *café dulcifié* à l'analyse des membres de l'Académie de médecine de la ville de Paris ; un rapport favorable me fut adressé par les soins de M. le ministre de l'agriculture et du commerce, novembre 1849. Depuis cette époque jusqu'à ce jour, il ne m'a pas été possible de m'occuper sérieusement de la publicité de mon ouvrage ; mais aujourd'hui que nous jouissons du *calme* et que nous croyons tous au développement du travail et de l'industrie, considérant en outre que la publication de cet ouvrage, d'un si haut intérêt pour l'agrément de tous, sera le meilleur mode de publicité que je puisse donner à mes produits pour les faire connaître, premièrement au commerce et à l'industrie, ensuite aux nombreux consommateurs qui, sans nul doute, s'empresseront de les accueillir favorablement à leur apparition dans le commerce de détail, de gros, de commission et d'exportation, comme liquides de premier ordre et indispensables pour les voyages de terre et de mer, bals et soirées, noces et festins, et enfin pour toutes espèces d'autres préparations où le café entre comme principe aromatique, tels que les crèmes et gelées, bavaroises et glaces, les bonbons et la pâtisserie.

FIN.

TABLE DES MATIÈRES.

PREMIÈRE PARTIE.